孩子们，请抬起头来，
重拾笑容，坚定信念，
在漫漫人生路里，
做一个顶天立地的人！

一初

赢在学业规划

吉田 著

中国友谊出版公司

图书在版编目（CIP）数据

赢在学业规划 / 吉田著 . -- 北京 : 中国友谊出版
公司，2025. 4（2025.8 重印）. -- ISBN 978-7-5057-6080-6

Ⅰ . G442

中国国家版本馆 CIP 数据核字第 2025PV1519 号

书名	**赢在学业规划**
作者	吉　田
出版	中国友谊出版公司
发行	中国友谊出版公司
经销	新华书店
印刷	河北鹏润印刷有限公司
规格	700毫米×980毫米　16开
	21.5印张　290千字
版次	2025年4月第1版
印次	2025年8月第2次印刷
书号	ISBN 978-7-5057-6080-6
定价	59.80元
地址	北京市朝阳区西坝河南里17号楼
邮编	100028
电话	（010）64678009

如发现图书质量问题，可联系调换。质量投诉电话：010-82069336

序

我是大学老师，同时也是教育规划从业者。我发现，来找我咨询的绝大多数人都来自普通家庭——收入普通，资源一般，孩子的成绩也是中等或中等偏下。有太多的人在关注"学霸"群体，都在教孩子如何成为"学霸"，但我们很少能听见"普通孩子"的声音，我们不知道他们的心理状态如何、他们有怎样的理想。

沟通得越多，我就越坚定自己的信念：我们不能只看到"学霸"。成绩普通的孩子，也是需要被看见的。

因此，我想要写下这本书，希望这本书能够给那些家庭普通、成绩普通的孩子一些安慰和更多切实的指导。

成绩不好又如何？总有一条路可以走

当家长们来找我咨询的时候，我常常感受到两个词——焦虑和无助。我开始探究这两种情绪的来源，我发现，有些家长往往存在某种认知谬误：

虽然我的孩子不擅长学习，但我必须逼着他学，因为学习不好的孩子是没有未来的，这个世界没有为"差生"腾出空间。如果我的孩子没有考上好的高中、好的大学，他的人生就没有什么希望了。

但我想说的是，没有人规定只有"爱读书，会读书，学历高"的孩子才是优秀孩子。这个世界上，并非所有的孩子都拥有学习天赋，有的孩子可能擅长运动、擅长音乐、擅长社交，但就是不擅长背诵和计算。

又或者，孩子从小就没有养成好的学习习惯，到了初中、高中，任家长如何逼迫，也不能逼出一个"学霸"来。

那我们应该怎么办呢？成绩不好的孩子，未来还有出路吗？

作为一个出身平凡，没有显赫家世背景，也没有丰富人脉资源的普通人，我家就是普普通通的老百姓家庭。从小到大，我的学习成绩一直不尽如人意，这导致我经常受到同学们的嘲笑。面对这样的困境，我曾无数次想要放弃——放弃参加中考、高考，放弃对自己人生理想的追求。

记得小时候，有一次老师建议我去做智商测试，似乎连他都认为我智商发育有问题。到了小学四年级，我的数学老师更是直言不讳地告诉我，我未来的最高成就或许只能是个货车司机。

那一刻，我真的感到了绝望，仿佛自己的人生已经被彻底定型了。

但我并没有真的放弃。尽管那时候的我知道自己的数学只能考 30 多分，我依然没有放弃对未来的憧憬和努力。我的父母没有强求我一定要考上高中，他们只是希望我能尽力而为，给自己一个交代。所以，我告诉自己：只要我坚持去参加中考就算是胜利了。即使普高考不上，也要去读职高；职高考不上，就去读中专；中专再考不上，还有民办中专和技工学校可以选择。

我告诉自己，只要不放弃，总有一条路可以走。

学业规划一定要务实

让我们设想一个场景吧：你是一个心怀大志的木匠，现在为了完成某件作品，要深入森林去寻找合适的原材料，你会怎么做？森林里虽然到处都是木材，但你不是嫌这根太长，就是嫌那根太短，要么就是材质不够密，达不到你的要求，最后只能失望而归。

但经验丰富的老木匠不会这样做，他不会提前设定好自己的作品必须依从某个尺寸，他会因材施艺，长的材料就做长的作品，短的材料做短的作品，即使材料有瑕疵，他也可以根据这块瑕疵，想到与之对应的用途。最后，他手里就有了诸多合适的材料，完成了一件件令人赏心悦目的作品。

我举这个例子的目的就在于告诉各位家长，孩子就是一块有待雕琢的木材，他的未来不应被预设，比如"我的孩子就是要考一流的本科，就是要拼学历，就是要当律师、当医生"。并不是这样的。教育的目的不仅仅是毕业后立刻进入令人羡慕的行业，也不是马上拥有高薪工作，教育是一个积累、成长和转型的过程。

我们还是小孩子的时候，总会羡慕那些光鲜亮丽、西装革履的白领，他们手里端着咖啡杯，谈笑间讨论着金融数据，我们觉得这才是高级。如果家长和孩子到现在还抱有这样的心态，那我要送给大家两个字——务实。比如，提到"机电一体化""机械自动化""模具加工与制作"等专业，似乎档次唰地就下来了。可是现在是智能化工业的时代，哪里都需要机械、电力，家里的门锁也可能是机械电子，电视同样离不开机械电子，越是基础的专业越贴近民生。

"物尽其用，人尽其才"，可能数学、英语成绩都不好，但动手能力强，那么，适合干什么，就去干什么。虽然孩子可能不是传统意义上"学习的料"，但有谁规定每天拿着笔写字才是学习？去中专、职高、大专学自己喜欢的技术，那也叫学习。学习机电操作，把集成电路板的原理搞得清清楚楚，明白半导体里面的材质是什么，这些都是实打实的基础应用知识，学好了照样有所作为。

专科生依然可以脱颖而出

如果孩子学习不好，考不上本科，那完全可以去读专科，这并没有什么丢脸的。哪怕在短时间内只能拥有这个含金量不那么高的学历，也仍然要勇往直前。

我们做家长的不能受负面思想的影响，如果一开始就对孩子说，一个专科而已，随便读一读算了，那孩子可能会感觉这辈子就到头了，只知道在学校里混日子。

我向来都很反对"一考定未来""成绩不好就是失败者"的说法，这样鼓吹的家长和老师并没有考虑学生自身的想法和感受。孩子成绩不好，已经很郁闷了，甚至咨询过我的很多孩子自卑到想要自杀，可在一些成年人眼里，专科生就是耻辱的，似乎这些孩子永世不得翻身了。

孩子们，如果你们听到这些带有严重偏见的话，一定要给自己鼓劲儿："我读专科并不低人一等，我学一个好的技术依然有未来。如果想要更进一步，我还有机会通过努力来实现专升本，我不必妄自菲薄！"

同时，我想对高三的孩子们说：不要因为模拟考试的失利就灰心丧气。高考只是人生中的一次考试而已，它并不能决定你的一生。无论你们最终能否考上本科，都不要放弃对知识的追求和对未来的信心。在这个技术日新月异的时代里，拥有过硬的技术比拥有文凭重要，就算最后只能考上专科，也有机会在未来的职场中脱颖而出。

最后，我想对所有正在读高一、高二的孩子说：请珍惜你们现在所拥有的学习机会和资源吧，虽然我告诉你考上专科也没关系，但并不意味着你就要放任自己混日子，能有机会考上本科，一定不要放弃。

请务必保持一颗积极向上的心态，去面对学习和生活中的各种挑战！即使你们现在听不懂老师讲的课程内容，即使你们觉得学习枯燥乏味，也请坚持下去。因为只有这样，你们才能在未来的人生道路上走得更加稳健和坚定！

第一部分
规划篇

写给普通家庭孩子的学业规划逆袭指南

1　如何从小找准赛道

2 中考升学指南：
任何分数，都能找到合适的路

3 高中三年规划：
未来职业的关键期

4 填报高考志愿的
破局之路

5 大学生弯道超车指南

第二部分
专业选择篇

好专业，在初中时就要提前规划

6 选专业，
要趁早做计划

7 找准实用专业，未来稳就业

第三部分
家庭教育篇

为孩子的未来托底

8 搞好家庭教育，
孩子才能有好成绩

9 陪孩子走稳
每个成长关键期

写给普通家庭孩子的
学业规划逆袭指南

第一部分
规划篇

如何从小找准赛道

1

教育双轨制：未来可能都是大学生

亲爱的家长们，你们知道吗，对于现在的小学生，未来的路可以说十分宽广，他们以后都有机会成为高中生，再进一步说，甚至都能成为大学生。在未来的发展趋势中，考试可能都不再是问题了，很多孩子都能享受到免试入学的待遇。

为什么我这么有信心呢？请看看现在的社会，老龄化悄然而至，年轻人越来越少，企业、学校都在为招不到人而发愁。未来的社会趋势已经明确：孩子数量减少、教育资源充裕，使得每个孩子都有机会接受良好的教育。

未来教育趋势：双轨制

未来的教育可能会实行一种双轨制度，孩子完成九年义务教育之后，可以有两种选择：一种是继续读高中，然后考大学；另一种是选择职业教育，学一门好手艺，兼顾文化知识的学习，最后考取职业本科。有一技之长，孩子就有了立足生活之本。所以，家长们真的没必要再逼孩子了，未来社会更注重的是孩子的性格、能力和身心健康。

职业格局的深刻变革

在双轨制的教育模式下，未来的职业格局也将发生深刻的变革。白领与蓝领之间的薪资差距将不再像过去那样悬殊。当然，如果孩子能够考入清华、北大等顶尖高校，专攻高精尖的理工科领域，那么，他们无疑将成为研发领域的佼佼者，赚取丰厚的报酬。但即便孩子的成绩并不出众，也不必过分担忧。通过选择职业本科或公办大专的路径，他们同样可以掌握一技之长，在蓝领领域实现自我价值，很多蓝领员工的月薪目前甚至能超过15000元，相比之下，一些拥有本科学历的白领也不一定能拿到这个数目。

"卷学习"将得不偿失

我逐渐发现，在当今社会，成功获得本科学历并不意味着未来一帆风顺。即便是毕业于一本或二本院校，往往也只是在一个相对固定的岗位上一步一个脚印地工作，而为了这样的未来，有的家长不惜花费巨额资金，一节课动辄八九百元，不仅让家庭承受巨大经济压力，更让家庭氛围变得紧张而压抑。

那么，这样的投入真的值得吗？孩子在这样的环境下，是否真的能够取得长足的进步？更令人担忧的是，过度逼迫孩子学习，可能不仅无法提升成绩，反而会导致孩子产生逆反心理，甚至影响其性格发展。

因此，对于普通家庭的孩子们来说，从现在开始，不应该深陷于补课和应试的旋涡之中。

父母该如何有效未雨绸缪

未来的教育趋势，将是学历普及化，大学生遍地开花。在这样的背景下，学历将逐渐贬值，而用人单位将更加看重个人的综合素质与能力。然而，许多家长仍倾向于把孩子培养成"考试机器"，过分强调语文、数学、英语等科目的成绩，却忽视了孩子全面发展的重要性。这样的教育方式，或许能换来一时的优异成绩，却难以培养出适应未来社会需求的人才。

那么，作为家长，怎么做才能真正未雨绸缪，引导孩子健康成长呢？我有以下四点建议。

第一个建议：把握好孩子 0 ～ 12 岁的关键期

进入社会后，我们往往会发现，那些情商高、有个性的人更容易获得成功。而这些品质，往往是在孩子 0 ～ 12 岁这个关键时期形成的。遗憾的是，很多家庭在这个时期，把孩子禁锢在封闭的教室里，让他们在压抑的环境中成长，最终导致他们的性格变得机械化、模板化。

家长们是否应该反思一下，是不是自己过于看重孩子的学科成绩，而忽略了他们的兴趣爱好和个性发展？有的孩子喜欢研究机械，有的孩子喜欢烹饪，有的孩子则对理发或木工情有独钟。我们怎么能因为孩子不喜欢学习，就否定他们的价值呢？他们不是生来吃苦的，而是来享受人生的。过去那个对学历过分追求的时代，已经给我们带来了太多的痛苦，现在，我们不应该再把这种压力转嫁给孩子。

第二个建议：培养孩子的动手能力

动手能力是把理论知识转化为实践技能的关键，它不仅体现在能否拼接乐高、滑冰、踢球等具体活动中，更体现在孩子面对问题时，能否迅速找到解决方案并付诸实践的能力上。通过培养动手能力，孩子将更有自信地独立思考与解决问题，从而在班级中脱颖而出。

第三个建议：注重孩子的形象塑造

良好的形象是孩子走向社会的第一张名片。作为家长，应该从小教育孩子保持正确的坐姿与站姿，避免驼背与近视。即使在学习上暂时落后，也要让孩子明白健康的重要性。因为无论是求职面试还是婚恋交友，挺拔的身姿与明亮的双眼都将为孩子加分不少。

第四个建议：教会孩子有效沟通

在这个充满竞争与合作的社会中，良好的沟通能力至关重要。家长应该引导孩子，学会用真诚与友善去赢得他人的尊重与信任。孩子具备了这种能力，无论是在学习、工作还是生活中，都将更加游刃有余地应对各种挑战与机遇。

最后，我建议所有小学阶段的家长（以及幼儿园的宝爸宝妈），关注孩子的全面发展，不要仅盯着学业成绩。多带孩子参与户外活动、野外生存课程等实践项目，让孩子在实践中成长、在体验中学习，从而在未来的社会中拥有竞争力！

如果你输在了"起跑线"

真的有所谓的"起跑线"吗

一句"不能让孩子输在起跑线上",让无数家长心生焦虑,仿佛稍有不慎,孩子的未来就完了。但我想说的是,即便真的"输"在了这条所谓的起跑线上,又会怎样呢?难道就意味着孩子的人生必然是失败的吗?

数据告诉我们,现实远比家长们想象中复杂。据教育部统计,近年来高校毕业生数量激增,但就业市场并没能完全消化这些高学历人才,本科生、研究生也同样要面对激烈的竞争。由此可见,在就业市场,技能掌握变得尤为重要。

再来看那些被家长热捧的才艺培训,如钢琴、编程等,虽然看似光鲜,但真正能从中脱颖而出成为行业精英的,仍是凤毛麟角。据中国音乐家协会统计,中国学钢琴的孩子数量庞大,但真正能成为音乐家的比例极低,大多数孩子最终只是成为"陪跑者"。有艺术类的爱好当然没问题,但一定要依据孩子的特点来定,而不是逼着孩子必须"走专业"之路。

更重要的是,随着时代的变迁,社会对人才的需求也在发生变化。未来,技能、实践经验和创新能力将成为衡量人才的重要标准。拥有实用技能的人才,即便学历不高,也能在市场中占据一席之地,获得可观的收入。据某职业招聘平台数据，一些技术型岗位的平均薪资远超传统白领，甚至超过了许多高学历毕业生。

孩子不是"流水线产品"

家长们不必过分纠结于"起跑线"的输赢。与其盲目跟风，把孩子培养成一个个"流水线产品"，不如关注他们的兴趣、性格和潜能，引导他们健康、快乐地成长。同时，作为家长，我们也应该保持清醒的头脑，合理规划家庭财务，确保在孩子真正需要的时候，能够给予他们足够的支持。

每个孩子都是独一无二的，他们的自我成长是一个持续的过程，且受到多种因素的影响，包括遗传、环境、教育、个人努力等。这些因素相互作用，共同塑造孩子的性格、能力和价值观。因此，即使孩子在起跑线上处于不利位置，他们仍然有机会通过自身的努力和环境的支持来实现自我成长。更何况，对于不同的人，成功的定义也不相同。对于有的人来说，成功意味着事业上的成就，但也有人把幸福的家庭生活视为一种成功，因此，我们不能简单地将起跑线与成功画等号。

真正的成功，从来不是由起跑线决定的，而是由孩子自身的努力、父母的陪伴和时代的机遇共同铸就的。

把握四大关键点，
让孩子从幼儿园起就少走弯路

小学生和幼儿园宝贝，他们的教育前景将不同以往，请家长务必了解并重视以下四个关键点，帮助孩子在学业道路上少走弯路。

第一个关键点：社会背景的变化

据《中国教育统计年鉴》显示，从 2016 年起，升入普高的学生占比约为 60%，也就是说，大部分孩子都能顺利进入普高或者职高，并考上大学。然而，当未来社会普遍拥有高等教育背景时，学历将不再是竞争的唯一标准。到那时，孩子之间比拼的将是他们的个性魅力、创造性思维、强健的体魄以及高情商等软实力。

因此，各位家长，请从现在开始，就注重培养孩子的动手能力，让他们在实践中学习；培养他们明辨是非的能力，让他们学会独立思考；同时，也要注重提升他们的情商，特别是换位思考的能力，这将有助于他们在未来的社会交往中更加游刃有余。

第二个关键点：未来的发展趋势——教育双轨制

如果孩子在学习上展现出极高的天赋和兴趣，比如对奥数、围棋、编程等课程有高涨的热情和出色的表现，那么，他完全有可能通过自身的努力进入重点高中，进而攻读重点大学，未来也能够从事科研、技术开发等高精尖领域的工作。

如果孩子在学业上确实表现不佳，家长们也不必过分焦虑，不要逼孩子去学。未来，职业教育将成为一个重要的选择，孩子可以在中考之后，选择进入职业教育体系，学习机电、机械、新能源、无人机、计算机等相关专业技能，成为蓝领技术工人。我们应当摒弃"唯分数论"的观念，根据孩子的兴趣和特长来规划他们的未来道路。

第三个关键点：心理健康的重要性

在这个快节奏、高压力的社会环境中，心理健康显得尤为重要。现在的孩子们往往承受着巨大的心理压力，家长们应当密切关注孩子的心理状况，帮助他们建立正确的价值观和人生观，培养他们的抗压能力和适应能力。同时，也要鼓励孩子们多进行体育锻炼和户外活动，保持良好的身体和心理素质。

第四个关键点：保护视力和提升身体素质

在数字化时代中，孩子们往往需要长时间面对电子屏幕，视力下降和身姿不正等问题日益加重。因此，家长们应当严格控制孩子使用电子产品的时间，鼓励他们多运动，增强体质。同时，也要注意孩子的坐姿和用眼卫生，帮助他们养成良好的生活习惯和用眼习惯。总之，家长应当把孩子的身心健康和全面发展放在首位，而不是过于追求分数。

幼升小的四个关键事项

第一个关键事项：优先选择公立小学

为孩子选择小学时，如果条件允许，建议优先考虑公立小学。当然，我这样说并不是全盘否定私立小学的教育质量，而是考虑到大部分私立小学往往实行寄宿制。在孩子性格塑造、自信建立的关键时期——7～12岁，父母的陪伴尤为重要。家长作为孩子的第一任老师，言传身教对孩子性格的形成有着不可替代的作用。如果把孩子过早地送入寄宿学校，可能会错过这段宝贵的亲子时光，影响孩子自信心的建立。因此，家长们应该珍惜这段能够与孩子共同成长的时光。

第二个关键事项：年轻班主任的优势

很多家长比较信任上年纪的班主任，看到年轻活泼的老师，会担心他们经验不够，也不够威严。其实，年轻有活力的老师往往更富有亲和力、创造力和创新精神，能够激发孩子们的学习兴趣和创新思维。他们更容易与孩子们打成一片，成为孩子们的朋友和引路人。这并不是说老教师不好，年长的教师拥有丰富的教学经验，能够为学生创造稳定的教学环境。但相比之下，年轻老师在教学主动性和创造性方面可能更具优势。

总之，无论孩子遇到了怎样的班主任，家长都要引导孩子去适应班主任的教学方式，哪怕班主任很年轻，教学经验可能不够丰富，也有其优势。

第三个关键事项：重视孩子的视力健康

在孩子的学习生涯中，视力健康不容忽视。尤其是小学低年级阶段（一年级至三年级），孩子的视力正处于快速发展期，也更容易受到损害。这时候，家长应该多多引导孩子参与户外活动、培养兴趣爱好，而不是过度专注于学习书本知识。通过多样化的活动方式来丰富孩子的课余生活，不仅有助于孩子性格的塑造和兴趣的培养，还能预防近视。请记住：良好的视力是孩子未来学习、生活的重要保障。

第四个关键事项：培养自信与特长

学习成绩的提升从来不是一蹴而就的事情，不能忽视孩子的自信心和对学习的兴趣。为了帮助孩子建立自信并找到学习的乐趣，家长们可以鼓励孩子发展自己的特长和兴趣爱好。无论是足球、篮球等体育运动，还是声乐、舞蹈等艺术项目，都能为孩子提供展示自我、建立自信的平台。通过参与这些活动，孩子们不仅能够发现自己的潜力和优势，还能从中习得团队合作等宝贵品质，这些经历将成为他们未来学习和生活的重要财富。

塑造个性的特长选择

各位幼儿园和小学学生的家长，不管孩子现在成绩怎么样，请放下所有的语文、数学、英语类补课，让孩子去学习合适的特长。无论是体育、音乐、表演，抑或是主持人都可以。

对于正处于小学阶段，且性格较为懦弱的男孩子，我强烈建议安排上足球或篮球的训练。选择这两项运动的原因在于，它们不仅是身体与身体之间的碰撞与对抗，更是从小培养孩子勇气、坚韧意志力和"不服就干"精神的绝佳途径。想象一下，当孩子在球场上挥洒汗水，与队友并肩作战时，那份团结与勇气将成为他今后闯荡社会的底气。即使未来不以体育为职业，这种"童子功"也可能让他凭借体育特长脱颖而出。

此外，我还建议男孩子尝试学习架子鼓，这是一种既能锻炼手脚协调能力又能提升节奏感与表现力的乐器。在学校的联欢晚会或迎新晚会上，孩子若能自信地敲响架子鼓，独特的魅力与气质能让他成为全场的焦点。

对于女孩子，我优先推荐舞蹈和羽毛球。学习舞蹈不仅能塑造挺拔的身姿，培养自信心和优雅气质，还能让她在舞台上绽放光彩。羽毛球作为一项全身运动，既能锻炼孩子的肺活量、爆发力和冲刺力，还有助于长高。更重要的是，通过羽毛球的训练，孩子将学会坚持与努力，培养出不屈不挠的意志品质。

如果女孩性格较为文静、内向，我则推荐尝试学习主持人和声乐。通过主持人训练，孩子将学会如何站在舞台中央，用自信的声音和得体的举止表达自己。而声乐的学习则能让孩子学会用歌声表达自己的情感与故事，这种情感的抒发能让孩子变得更加自信和开朗。

当然，如果孩子的性格实在过于内向或缺乏自信，也可以考虑让他们学习一些防身技能，如拳击、散打或跆拳道等。这些技能可以让孩子学会保护自己免受欺负，也能激发出他们内心深处的果敢与坚毅。

不要轻易把孩子送入体校、武校或艺校

不论孩子目前就读的是小学还是初中，也不论他们的学习成绩是否优秀，我都要郑重提醒家长，除非来自体育、美术、音乐或舞蹈世家，否则，作为普通百姓，请务必慎重考虑把孩子送进体校、武校或艺术类培训学校。

警惕夸大宣传

有时，一些教练或老师会承诺，只要孩子跟着他们训练，即使成不了世界冠军、全国冠军，至少也能通过几年的努力考入本科。家长不知道的是，这背后往往隐藏着高昂的费用和不确定因素。孩子可能被频繁地送往外地参加比赛，而且每次都需要支付不菲的费用。可是，当孩子真正面临升学考试时，由于没能在文化课上投入一定精力，成绩可能会达不到分数线。这样的结果，不仅让经济投入打了水漂，更严重影响到孩子的学业和前程。

孩子的健康成长最重要

虽然孩子可能在学业上暂时遇到了困难，但九年制义务教育为他们提供了一个相对稳定和规范的学习环境。在这里，孩子们可以接触到正规的师资力量，各科老师大多接受过良好的师范教育，具备较高的专业素养和道德水平，这样的环境对于培养孩子的综合素质和良好品性至关重要。一旦将孩子送入体校、武校或艺校，就会面临许多不可预测的因素。由于孩子通常需要在外地学习，家长可能无法及时了解他们的学习和生活情况。更糟糕的是，这些学校往往更注重专业技能的培养，从而忽视了文化课的教学。家长作为非专业人士，又很难判断这些学校是否真的适合孩子。

很多家长觉得体校和艺校录取分数低，所以把孩子送进去，但我想说，仅仅为了追求分数而将孩子送入不适合他们的学校，最终可能会导致他们失去对学习的兴趣和热情，甚至影响到他们的身心健康。作为家长，应该更加关注孩子的全面发展和个性需求，为他们选择真正适合自己的成长道路。

如果孩子确实对体育、艺术等方面有浓厚的兴趣，具备相应的天赋，家里也有不错的经济条件，那么，还是可以寻找专业的老师，为他们提供培训和指导的。但是，切勿盲目跟风，或者听信一些夸张宣传，脑子一热就做出决定。

最后，我要奉劝各位家长，对孩子多一点耐心，不要因为孩子在小学阶段成绩不理想，就不顾孩子自己的意愿，送孩子去学体育、学舞蹈。

小升初择校：陪伴比"鸡娃"更重要

经济条件有限，孩子成绩也不理想的家庭，究竟该让孩子就读当地优质的私立初中、家附近的公立初中，还是争取进入更好的公立初中？

现在，我来为大家分析一下该如何做出选择。

尽量避免住校

在可以选择的情况下，能避免住校就尽量避免。青春期是孩子成长的关键时期，也是情绪波动较大的阶段。住校生活，尤其对于那些内向、老实的孩子来说，可能隐藏着诸多不确定因素。家长应时刻关注孩子的身心健康，因为在这个阶段，孩子的情商、心理承受能力等方面的培养，远比单纯的分数更为重要。

住校意味着家长与孩子之间的物理距离拉大，家长往往难以及时发现并干预孩子遭遇的问题，比如遭到欺凌、孤立等。这些问题一旦发生，容易对孩子的成长造成深远的影响。

盲目追求名校不可取

经济条件一般、孩子成绩平平的家庭，不要盲目追求名校。重点初中的师资力量和教学资源固然优越，但这类学校往往更加注重学生的学业成绩。如果经济条件和学业成绩都处于劣势，那么，在这样的环境中，孩子可能会感到巨大的压力，甚至产生自卑心理和挫败感，觉得自己处处不如人。

此外，这类学校往往对普高升学率有着极高的要求。如果孩子的学习无法跟上节奏，很可能会在初一或初二阶段就被迫分流或转学，这无疑会对孩子的自信心和自尊心造成重创。

公立初中是稳妥的选择

相比之下，选择一所普通的公立初中可能更为稳妥。虽然这样的学校可能在教学资源上无法与名校相提并论，但它至少能保证孩子在一个相对宽松、包容的环境中成长。在这里，孩子不会因为成绩差而遭受过多的歧视和压力，身心健康和个性发展能够得到更好的保障。同时，公立初中的学生群体更加多元化，孩子们可以在这里学会如何与不同背景、不同性格的人相处，这对于培养他们的社交能力非常有好处。

总之，家长们在选择初中时，需要理性地考虑孩子的实际情况。在追求学业成绩的同时，更要关注孩子的身心健康和全面发展。一个身心健康、具备良好社交能力和适应能力的孩子，远比一个只会读书的机器更加珍贵和有价值。

中考升学指南:
任何分数，都能找到合适的路

成绩不好，就换条赛道：
中专和职高到底好在哪里

如果孩子确实无法进入普通高中（普高），我建议家长将目光投向职业高中（职高）和中等专业学校（中专）。其实，我接触过很多内心非常纠结的家长，他们的质疑点主要就是打心底里嫌弃中专、职高的学习氛围。

职高和中专的学习氛围可能不如普高和私立高中那么紧张，但这也意味着，只要孩子付出一些努力，就能脱颖而出，实现本科梦。此外，即使最终未能升入本科，职高和中专的学生也有机会进入本省省会城市的优质高职高专院校深造，如铁路、电力、水利、建筑、医疗等领域的相关专业。这些院校不仅就业前景广阔，而且其入学门槛相对较低，为孩子们提供了另一条通往成功的道路。

因此，我经常对家长说，一定要打破思维定式，不必太在意其他人的说法，不要老是跟身边同事、朋友的孩子去比较，如果总是和成绩好的孩子去比，就会活得很累。哪怕把家底全部掏空，供孩子去读私立高中，即使氛围再好，但孩子因为底子薄跟不上的话，他依然会自卑，最后未必能达到预期效果。

从现实出发，盲目跟风不可取

让我们面对现实——如果孩子目前在初中阶段，大部分功课都在及格线左右，那么进入私立高中后，他们很可能会因为课程难度的大幅提升而感到力不从心，甚至完全听不懂课程内容。因此，请经济条件一般的家庭务必慎重考虑是否要让孩子踏入国际高中或私立高中的大门。不要轻易花费巨资送孩子去这些学校。对于考不上普高的孩子来说，职高或中专并不是退而求其次的选择，而是基于现实考量的长远规划。

本科率和专业选择的实用性

随着国家对职业教育的重视，职高和中专的本科扩招政策已全面实施。这些本科学历的含金量与通过高考取得的本科学历并无二致，同样受到社会认可。

职高和中专的对口升学班为学生提供了丰富的专业选择，如机电机械、无人机、机器人、计算机等，这些专业均属于机械、电子电器、计算机软件及新能源等实操性强的领域。孩子十五六岁的年纪，正是动手能力快速发展的时期，学习这些专业不仅能够激发他们的兴趣，还能为未来的职业发展奠定坚实的基础。相比单纯参加高考的本科生，他们拥有更强的实操能力和职业适应性。

不容忽视的学费优势

与私立高中高昂的学费相比，中专和职高的学费优势也是不容忽视的。家长们与其为了面子而让孩子承受巨大的心理负担，不如选择一条更为实际、经济的道路。毕竟，三年的学费、生活费等开销对于普通家庭来说是一个不小的负担。而中专和职高则能有效减轻这一负担，让孩子在相对轻松的环境中专心学习。

最后，我想强调的是，教育的本质是育人而非攀比。家长们应该摒弃盲目攀比的心理，从孩子的实际情况出发，做出最适合他们的选择。不要为了所谓的"面子"而牺牲孩子的未来。记住，真正的面子来自孩子的成长和成就，而非外在的虚荣。

中专和职高，同样是充满机遇与挑战的道路。学习成绩一般的孩子，请相信，选择中职教育并不意味着投资回报比就低于高中，恰恰相反，可以用相对较低的成本，学到真正实用的技能，这些技能是未来社会急需的，是立足社会的基石。

踏入社会以后，虽然没有本科学历的光环，但拥有一技之长，这是最强大的后盾。未来的社会需要的是能够创造价值的人才，而不是只会读书的机器。

家长们也应该明白，时代已经发生了变化。过去那种以学历论英雄的观念已经过时了，现在的社会更加注重个性与能力的匹配。我们应该成为孩子的伯乐，帮助他们找到适合自己的道路，让他们在自己擅长的领域中发光发热。

只要敢于拼搏、敢于闯荡，就一定能够创造出属于自己的辉煌未来！

中专和职高，怎么选最靠谱

中专和职高，是提供中等学历教育的机构，与普通高中在学历层次上是相当的。

学生们要学习技术课程，以及语文、数学、英语等基础学科，第三年时，他们可以通过技能高考考取本科，或者通过高职单招考试、春季高考进入公办大专院校。

中专和职高的区别与共同点

很多家长会对中专和职高的概念感到困惑，不清楚两者之间的区别和共同点，以及如何为孩子选择适合的教育路径。下面，我将为各位家长详细解析二者的异同。

首先说说不同之处。

命名：中专学校的名称通常是某某学校、某某中等专业学校、某某职业学校、某某城市学校、某某建设学校、某某交通学校等，名称中不含有"职业高中"四个字；而职高学校则明确以某某职业高中命名，强调其作为高中阶段职业教育的重要地位。

教育模式与目的：中专学校内部设置较为复杂，既有"3+2"就业班模式，也有三年制的普通班。其中，三年制的班级往往按照大学的模式进行教学，注重学分管理，旨在培养学生的专业技能。学生在完成学业后，通常会直接就业。职高学校则更加注重学生的升学需求，教育模式与普通高中类似，旨在为学生提供一个通往高等教育的平台。因此，职高老师往往面临着较大的升学压力，需要努力提高学生的升学率。

课程设置与选择：虽然中专和职高都开设了普通班、高考火箭班，以及技能高考班和单招班等，但两者在具体课程设置和选择上仍有区别。中专学校由于更注重专业技能的培养，因此在课程设置上可能更加侧重于实践技能的训练。而职高学校则需要学生进行专业技能的学习，兼顾文化课的学习，以满足未来升学的需求。

再来说说二者的共同点。

教育层级与学历认证：中专和职高同属于教育部门的中等职业教育体系，学历层次均为中职学历，这意味着在学历认证上，它们具有相同的法律效力和社会认可度。

升学与就业路径：无论是中专还是职高学生，在完成学业后，都能有多样化的升学和就业路径，包括参加技能高考、高职单招考试、成人大专、自考本科等。同时，中专和职高也注重与企业合作，开展校企合作项目，为学生提供实习和就业机会。

如何通过高职单招提前锁定公办大专

如何参加高职单招呢？高职单招，全称是高等职业教育单独招生，是各省公办或民办大专院校为了选拔特定人才而组织的一种单独招生考试。

按照各省市的报名时间报名，然后到机构参加高职单招的培训班，虽然现在市面上各种培训机构都被取缔了，但高职单招的培训班是国家允许的。接着就开始刷题准备考试。每个学校都是单独出卷、单独面试、单独录取，考试内容比普通高考要容易些。

中专和职高学习的内容与普通高中是不一样的，高中是九选六，包括语文、数学、英语、物理、化学、生物、政治、历史、地理。中专和职高就只有语文、数学、英语，再加一门专业课，等于释放了一半的学习压力。更何况语文、数学、英语不仅难度降低，分值也降低了。当然，学习氛围可能没有高中好，但如果孩子能把主要精力用在专业技术上，就可以选一个就业前途比较好的专业，为将来的弯道超车打下基础。

特定教育模式

第一类：三年制对口升学班，也称为技能高考班和职教高考班，这个班的含金量是最高的。学生将系统地学习语文、数学、英语等基础学科知识，并深入学习一门专业课程。到了第三年，可以选择参加技能高考或高职单招，如果表现优异，就能有机会升入本科阶段继续深造；即使成绩稍逊一些，也能通过单招考试进入公办的大专院校学习。

对口升学班、技能高考班、职教高考班，这三种一般称为"3+3"技能高考班，"+"就是指技能高考。孩子的中考数学成绩如果在80分以上，并且语文和英语都很优秀，可以选择"3+3"技能高考班。孩子读了三年职高或者中专后，如果专业课再学好一点，是极有可能通过技能高考考上本科的。技能高考的含金量与统招高考是一样的，这是考上好大学的一条捷径。

如果能力突出，就可以把"3+3"变成"3+4"——四年本科，读这个班基本就是奔着考本科去的。技能高考班的本科率在26% ~ 40%，因为国家有政策倾斜，所以考上本科的概率高于普通高中和私立高中。如果成绩不够理想，就读个公办或民办大专。"3+3"属于选拔式，有一定风险，学得好可以考本科，不努力的话，只能得到一个中专毕业证。

"3+3"技能高考班怎么考呢？首先是文化课，包括语文、数学、英语，每门满分100分，专业课450分，总分750分。考到580分以上，大概率可以直接读全日制统招本科。450分以上可以选择"3+2"专本贯通。什么是

"3+2"专本贯通？是指先读公办大专，三年后再读两年民办二本。

很多家长说，750分的卷子要考到500分以上很难，其实依我看来真没有大家想的那么难。首先，文化课三门考试的难度基本上就在小学六年级到初二之间，只要孩子智商没问题，有一些常识储备，考200分我认为应该不成问题。专业卷是实操类的，比如机电、机械、新能源、机器人、无人机等等，操作分值都很高，会操作就能够得到120分，只要稍微用点心，考到300分也并不难。稍微勤奋一些，可以考500分以上，再努力一点，就是580到600分。

第二类："3+4"，前三年是公立中专，后四年是统招的本科，最起码也是公办二本，开设的专业主要就是前面提到的应用型专业：机电一体化、机械自动化、农村机电装备技术、学前教育、特殊教育、畜牧兽医、水产养殖等。这个本科文凭跟全日制统招本科文凭的含金量是一模一样的。

想要就读"3+4"，有几点要注意：它面向江苏省、浙江省、上海市、安徽省、山东省和重庆市的部分地区生源，但只能在本人户籍所在地就读，不能跨市，比如考生是江苏无锡的，就不能去常州。

第三类："5+2"，前五年是一贯制，需要在一所大专院校里读三年中专部，之后再读两年大专。五年后，对接一个民办的二本读两年，这就是"5+2"，它的含金量比"3+4"稍微低一点。读"3+4"，中考成绩一般要达到580分，读"5+2"要考到550分。

第四类：五年一贯制"3+2"，这个模式是在公办的高职高专里读完三年中专，再读两年大专。到了第五年，可以参加专升本考试，拿的是全职公办大专文凭。对于英语成绩优异，特别是中考英语成绩能达到80分以上的学生，我强烈推荐选择五年一贯制中的英语专业，因为专升本考试中，英语往往是关键科目，这样的选择能大大增加升入公办一本或二本院校的机会。

第五类：三二分段（"3+2"），这是一个需要特别注意的教育模式，也被称为中高职一体化，在选择时，务必确保它的正规性。学生首先在中专学校完成前三年的学习，在第三年时，需要参加一个转段考试，以评估他们是否具备继续深造的资格，考试通过后，对接到全日制的公办大专继续深造两年。需要注意的是，这种模式下，对接的大专就比较差了，基本都是本地的公办大专，不像五年一贯制"3+2"都是去省会城市读。比如，考生是宜昌人，在宜昌读宜昌机电中专，三年后，对接到宜昌中等职业技术学院。因此，在选择这种模式时，家长和孩子需要充分了解其要求和流程。毕业拿的是大专文凭，最终也可以专升本。

第六类：中专职高技校三年制，此类要特别提醒的是实习，家长们请记住，读三年制肯定要实习的，如果孩子准备参加技能高考和单招考试的话，要协调好实习时间并督促孩子到省会城市报高职单招培训班。因为三年制主要就是让孩子学门技术去就业，学校老师不会主动提醒学生去报名自考本科的，所以这点要格外留意。

第七类："3+2"就业班，性价比不高，不推荐。

中考分数是学业规划的重要指标

我一直强调，尽量让孩子参加中考，因为中考是讲究排名的，如果一个地区有100名初中生，总有一些会被强制分流，不能参加中考而被迫选择最差的学校。就算是学渣，但坚持参加中考，就有了一个中考分数，那么，从排名上来说，就比参加不了中考的人强。假设你是民办技工学校的校长，里面有三年制的对口升学班，你会选择参加中考的人上这个班，还是没参加中考的？道理其实很简单，筛选人才就是矮子里面拔高个子。任何一所正规学校都是有门槛的，门槛就意味着学风和校风。

家长应根据孩子的中考成绩来选择合适的学校和专业。我给大家提供一些规划参考。

450分以上：选择本地的五年一贯制或"3+2"模式，进入职业高中学习。

400分以上：选择职业高中或中专的三二分段模式，即三年中专后接两年公办大专。

300分以上：选择公立中专的对口升学班，通过技能高考或高职单招进入本科院校或专科院校。

200分以上：选择民办中专或公办技校的对口升学班。

低于200分：民办技工学校或中专的"3+2"对口升学班。

当然，选择民办技校虽然可以参加高考，但它的升学率很低，有时只有10%左右。

在选择中专和职高时，建议首选本地学校。同时，我们也要留意学校的名称和类型，选择那些以"职业教育中心""职业高中"或"中等专业职业学校"等命名的学校。在决定就读前，最好到学校的官方网站上查询相关信息，确认它是不是经过教育部门认证过的正规学校。

如何选择中专学制

对于有些孩子来说，传统升学道路相对艰难，他们因此转换跑道，选择中专教育。然而，中专教育的学制选择也有其复杂性与多样性。接下来，我将为大家梳理不同中专类型，帮助家长和孩子们做出正确的选择。

识别适合的中专类型

在选择中专时，要格外留意学校名称，只有明确标注为"中等专业学校"，或以"学校"为后缀的学校，才具备正规性与专业性。

避免盲目追求高学历衔接

优选模式：五年一贯制和三二分段是较为理想的选择。孩子前三年在中专学习，然后通过转段考试，无缝对接公办全日制大专，这样既保证了学历的连续性，也降低了升学难度。

慎选模式："3+2"就业班需谨慎考虑，这类班级偏重实习与就业而不是升学，最终可能只能获得成人大专学历，其含金量与全日制教育相去甚远。

明确三年制中专目标

如果选择三年制中专，需要明确一点，那就是它的培养目标是否为技能型人才，是否可以直接面向就业市场。学校一般不会主动组织高职单招或技能高考报名，这就需要家长协助学生关注时间节点，确保孩子不错过任何升学机会。

值得注意的是，第三年的实习是强制性的，可能长达三个月甚至半年，其间容易错过单招考试。家长可以与班主任沟通，争取让孩子弹性实习，以便有更多时间备考全日制大专。

选"3+2"还是"3+3"

对于这个问题，家长需要综合考虑中考成绩与孩子中考后的转变。成绩虽然是考量因素，但孩子的态度与行为变化是决定性的因素。

如果中考成绩未能达到普高门槛，孩子因此陷入消极状态，比如沉迷游戏、荒废时间的话，可考虑"3+2"的大专路径。在中专或职高的三年里，孩子不仅可以得到系统学习和技能培训，还能自我反省、重拾信心。

相反，如果孩子中考后表现出强烈的自省与上进心，主动寻求改变，勤奋学习，家长就应把握这一积极转变的契机，选择"3+3"技能高考班模式（高职单招班）。这类班级是中专教育的核心，学校不仅提供系统的技能培训，还会全力支持学生参加技能高考或高职单招，让孩子在专业的指导下，坚定地迈上升学之路。

综上所述，在为孩子选择中专时，家长们应遵循"优先3+3，次选3+2，慎选3+2就业班"的原则。同时，应避免盲目追求高学历衔接，而忽视了孩子的实际能力与兴趣所在。请记住，每一条道路都有其独特的风景与挑战，关键在于找到最适合孩子的那一条。

写给中考生的升学避坑指南

身处农村、资源有限，或者对孩子教育路径感到迷茫的家庭，请务必把以下几点避坑建议牢记在心。

初三没有春季招生考试

对于一些机构提出的初三春季招生考试，家长们要保持警惕，这类考试往往并不是传统意义上的升学捷径，而是会把孩子引入中专、职高、技校等早期职业教育体系中。更重要的是，这些学校的教学质量参差不齐，有些甚至可能是以营利为目的的培训机构。如果孩子尚未完成初中阶段的学业，就被引导参加此类考试并提前分流，可能会错失通过中考进入普通高中的机会。因此，我建议家长们，首先要确保孩子完成九年义务教育，并鼓励他们一定要参加中考。

中考提前批是什么意思

中考提前批分两种，一种是正规的，另一种是俗称"野鸡"的提前批。"野鸡"提前批就是提前分流，把成绩稍差的学生分到那些不太知名的技校、中专或者职高的就业班去，直接剥夺学生参加中考的权利。

正规的提前批包括定向师范、定向医生、定向电力等。

什么是定向呢？就是一种特殊的人才培养方式，比如五年一贯制、"3+2"模式。学生读完三年中专，再接着读两年大专，这五年里的学费、生活费、学杂费，全都不用学生出钱。但毕业后得服从安排，去一些条件相对艰苦的地方工作，比如偏远乡镇的学校、卫生院等。这种定向培养的选拔门槛并不低，需要过重点高中的分数线。

中职学业规划提醒

对于怀揣着升入全日制统招本科梦想的学生来说，确认所在学校是否设有"三年制对口升学班"是首要任务。这是唯一能让孩子们在第三年通过技能高考，直接冲击全日制统招本科的通道。值得注意的是，不是所有专业都能提供这样的机会，学生尤其要关注的是机电一体化、数控技术、工业机器人等特定专业，它们与市场需求紧密对接，因此是通往本科的"金钥匙"。

在学业规划过程中，家长和学生还要关注考试科目的设置和难度。技能高考的考试科目包括语文、数学、英语及专业课，其中专业课占总分比例较大，考试难度相对较低。只要在专业课上取得好成绩，结合扎实的文化课基础，就有望达成升学目标。

警惕中职教育中的骗局

当孩子中考成绩徘徊在 100 分，或者勉强达到 200 分，尤其是身处相对偏远的小城市，生活节奏缓慢，信息相对闭塞，这时，一些看似"热心"的电话主动找上门来，用甜美的声音编织着一个个诱人的谎言："来我们这里吧，公办的学校，不收取任何费用。""相信我，三年后保证对接大专，甚至本科也不是梦。"听起来多么令人心动，然而，这不过是一个精心设计的骗局，天上从来不会掉馅饼。

对于这类情况，我建议优先考虑在本地寻找公办的职教中心或中专学校。这些学校虽然可能不如某些宣传中的"名校"光鲜亮丽，但它们通常具有较为完善的教学体系和相对规范的管理，能够确保孩子们接受基本的教育和技能培训。如果本地没有合适的公办学校，也可以考虑选择有良好口碑的民办中专或技工学校，至少在这些地方，孩子的学习和生活能够得到基本保障，还有机会通过单招考试等途径，进一步提升学历和技能水平。

再强调一遍：如果孩子出于种种原因没能参加中考，从而选择了中专、职高中的"3+2"就业班，那么，家长请务必亲自前往学校，与班主任进行确认，沟通的关键在于了解清楚孩子在未来接受的是否为成人大专教育，以及是否还有机会参与高职单招考试或对口升学。如果就读的确实是成人大专，家长就要坚决表达立场，争取让孩子能够参与对口升学或高职单招考试。这一步至关重要，它将直接关系到孩子未来的学历层次和就业竞争力。

就读于三年制普通班的学生，则需要警惕任何形式的"免试注册入学"宣传，尤其是涉及专科、本科的承诺。这类承诺往往暗藏玄机，会诱导学生参加成人自考或函授学历，此类学历在求职市场上往往缺乏竞争力。同时，关于实习安排的问题也不容忽视，如果孩子计划参加高职单招或技能高考，也要提前与学校协商，将实习时间调整至第二年，确保有足够的时间进行复习准备。

另外，不少家长还会把目光投向公办技师学院，虽然它们在某些方面具有一定的优势，但并不适合所有的孩子。尤其是当孩子中考成绩极低，又对学习缺乏兴趣，那么，技师学院可能就不适合他们。因为技师学院主要颁发的是技工证，而不是传统的学历证书，最重要的是，孩子毕业后的第一学历仍然是初中。

此外，一些所谓的"知名大学预科班"也需谨慎对待，这些预科班往往与成人教育机构相关联，教学质量和学历认可度参差不齐。如果盲目就读，很可能会导致孩子时间和家长金钱的双重浪费，最终一无所获。

成人学历教育的误区

有不少成人教育机构，比如夜大、电大、函授等，会宣传"快速获取学历"，对此，家长们同样需要保持清醒。虽然在国家层面，这些机构提供的学历是正规的，但含金量和社会认可度却远远低于全日制教育，这些教育更适合职场人去深造。对于正处于青春期的孩子来说，过早地接触成人教育模式，不仅无法获得系统的知识和技能训练，还可能因为学历的局限性而在就业市场遭遇挫折。

以"铁饭碗"为诱饵的特定行业学校陷阱

我遇到过不少家长，他们很容易被一些以"铁饭碗""高薪酬"为卖点的特定行业学校吸引，尤其是铁路、航空、口腔等热门专业的学校常常以稳定的就业机会和高额收入作为诱饵，可实际上，其中却隐藏着诸多不为人知的陷阱。

这些特定行业学校的学费往往不菲，家长们被学校的"美好承诺"所蒙蔽，以为投入高额学费就能换来孩子的稳定前程。可惜，孩子们入学后可能根本无法获得与学费相匹配的教育质量，更谈不上美好的就业前景。所谓的"保就业"政策，很可能只是劳务派遣或第三方外包。孩子们毕业后，很可能被安排到机场、火车站，从事最外围的杂活工作，与家长们期望的"铁饭碗"相去甚远。

最重要的是，这些所谓的"学校"还可能让孩子们错失单招考试和技能高考等重要机会，最终只能获得成人大专文凭。

司法、警务等特殊领域的误区

对于司法、警务、国防等特殊领域的学校和专业，家长们也需要有正确的认识。这些领域对人才的要求极高，通常需要经过严格的选拔和训练才能胜任相关工作。如果孩子无法通过高考或相关考试获得入学资格，那么，所谓的"捷径"就只是空谈。更严重的是，一些不法机构可能会利用家长的焦虑心理，进行虚假宣传或诈骗活动，给家庭带来无法弥补的损失。因此，我建议家长们保持理性，不要轻信所谓的"内部名额"或"特殊渠道"等不实信息。

最后我想说的是，中职教育并不是终点，而是孩子们梦想的新起点。随着教育政策的不断调整和优化，对于职高和中专学生，在本科阶段的招生名额大幅增加，升学门槛也相应降低，这为他们提供了更多的机会和可能。

为了实现更高的学历目标，孩子们需要付出不懈的努力。除了日常的学习之外，积极参与各类技能竞赛也是提升自我、展现才华的重要途径。技能大赛的奖项不仅能为孩子们带来荣誉和自信，更能提供文化课免试的机会。

如何辨别良莠不齐的民办中专和技校

区分中专、职高与技校

中专与职高，都是由教育部门认可的中等学历教育机构，统称为中职学历。在中专或职高就读的学生，在第三年时将有机会参加各类升学考试，如夏季高考、技能高考以及高职单招等。这意味着，中专与职高不仅是学习技能的场所，更是学生未来升学的跳板，是他们通往大学的桥梁。

技校则由人社部门主管，主要颁发技工证书，其教育目标更侧重于培养学生的职业技能，直接为就业服务。因此，技校毕业生虽然能掌握一技之长，但在学历方面往往存在不足，大部分技校学生毕业后仍保留初中学历。尽管有少数技校也提供升学机会，如参加单招考试或技能高考，但这样的机会相对较少，且教学质量、师资力量等方面与中专、职高相比，往往存在较大差距。

我建议家长们优先考虑三年制对口升学班，尽量避开三二分段课程。当然，如果孩子的学习态度尚可，但中考成绩不理想或者没有参加中考，那么三年制的技工或技师课程也是一个不错的选择，通过努力，他们同样有机会考取本科。

如何选择靠谱的民办中专或者技校

如果孩子的成绩确实非常糟糕，只能读民办中专，家长们该如何选择呢？

第一步，直接上网查，通过网络搜索学校名称查看具体介绍。

第二步，打电话咨询当地教育局，看某某学校由人社部门主管还是教育部门主管，如果都不管，多半就是培训性质的"野鸡"学校，不能读。

我们再分开讲解下，由教育部门主管的学校肯定是可以参加单招考试的，如果由人社部门主管，这个学校能不能读？答案是可以读，建议选择该校的对口升学班或者单招班。

还有一点，家长们可能会去选技师学院的"3+2"，虽然它是公办的学校，但只建议一类孩子去读，那就是问题孩子，家长、老师对他们已经毫无办法了，只好让他们去那里接受合适的教育和管束。

还有些遇到考试发怵的孩子，连技能高考也怕考不上，怎么办？可以优先考虑民办中专的三二分段，因为对接的是民办大专，所以中专升大专就像小升初一样，只是简单走一个毕业分段考试流程。也可以关注下省会城市里的民办大专中专部。

在此，我还要特别提醒广大家长，面对市场上让人眼花缭乱的教育机构和宣传册，一定要保持清醒的头脑。有些技校或技师学院可能会打出"等同于本科文凭""等同于大专文凭"的诱人广告，但请务必注意，这些宣传往往存在误导性。技工证或技师证虽然能在一定程度上证明学生的技能水平，但并不等同于正规的高等教育学历。在考研、考公务员、进国企等方面，这些证书往往难以得到认可。

职高和中专才有的机会——职业本科

职业本科在向你招手

既然已经选择走职高或中专这条路，那么，选择专业和学制就需要十分慎重，不然可能会走弯路。在中专和职高里，有些专业是可以直接考本科的，但大家也要注意避开一些专业，因为一旦读了它们，大概率只能止步于专科了。

前边已经给大家解释过，什么是对口升学班、技能高考班和职教高考班。简单来说，就是读了三年之后，需要通过语文、数学、英语三门文化课的考试，再加上一门专业课考试。总分在700到750分不等，如果你能考到580分以上，就直接读全日制统招本科。

哪些专业可以直接考本科

较为适合男生的专业：数控技术、机电一体化技术、工业机器人技术、无人机应用技术、农作物技术、农村机电装备技术、模具加工与制作、电子商务、建筑工程施工，这些都是能直接考本科的。特别是机械、数控、机电、新能源的专业，如果能在技能大赛上拿奖，那就能得到免试读本科的机会。

比较适合女生的专业：园林园艺、建筑室内设计、酒店旅游管理、商务英语、数字媒体技术、计算机平面设计、城市燃气热力、建筑工程管理、物流管理、物业管理、大数据、会计、学前教育、特殊教育等等，这些专业也可以通过技能高考读本科。

可能有家长会问，读普通高中都未必能考上本科，为什么中专和职高就可以呢？这是因为现在社会更看重有技术的人才，所以，职业本科这个新兴学历形式就出现了，它相当于公办二本，含金量高于民办二本。

不过，并不是所有专业都能考本科，比如烹饪营养、美容美发、企业管理、行政管理这些专业，大概率就只能止步于专科了。所以，大家一定要选对口升学班、技能高考班、职教高考班，这些才是通往正规本科的正道，一定要慎重选择那些就业班。

参加技能高考的优势

经济优势：当下，国家对于职业教育是大力扶持的，无论是读职业高中还是中专，学费负担都很小，三年的教育成本远低于私立高中。

专业优势：职业高中里学的都是实打实贴近民生的专业。众多实用且就业前景广阔的专业等着孩子们去选择。

升学率优势：在部分中专、职高里，50人的班级中，能有13～17人考入公办二本，这样的升学率，哪里是私立高中能比的？

考试难易程度优势：技能高考的文化能力要求没有普通高考那么高，孩子在学校里的压力相对不是很大，只需要有一定的动手实操能力，这等于是在结合国家的实际需求和风口去学习。

女生考不上高中，首选护理专业

分享一个普适性的案例。女生小 Q，身高 158 厘米，总分达不到普高线，家庭条件一般，父母来咨询：是否可以去学艺术类？

对于类似小 Q 这样的女孩子，个子在 160 厘米以下，会被卡在很多专业的首道关卡上：空乘、主持、模特、表演、舞蹈……这些专业，身高不够标准，就读不了。

2022 年艺术高考改革之后，学艺术这条路只会越来越难走，而且投资回报比太低了。我的建议是学一门技术，以后才容易找到工作。

卫校护理专业，性价比高在哪儿

卫校，属于医护类的中职。我个人非常推荐女孩子去读卫校的护理专业，这个专业在卫校里又有两个分支，一个是三年制的对口升学班，还有一个五年制的"3+2"。我优先推荐去读"3+2"，也就是说三年中专之后，以对口升学的方式考入两年制的大专。

优势一：市场潜力大

大家现在对老龄化时代已经不陌生了，刚需是市场决定的，老年人越来越多，会经常去医院，医院就需要护士。

为什么我建议优先选择去读"3+2"？护理专业要考本科其实是非常难的，想当护士，最起码要有个专科学历。"3+2"就是保证你读完五年后，可以有个大专文凭。

优势二：经济实惠又安全

普通家庭的女孩子可以在当地读卫校，毕业后在当地的医院里面工作。当然也可以通过专套本（自考本科），考成人本科学历。还有一点很重要，那就是卫校读书免学费，非常经济实惠。

优势三：个人生活的投资回报比高

女孩子15岁起进卫校念书，5年后大专毕业才20岁，就可以进医院当护士。

而本科读医学的女孩子得有一个心理准备，那就是教育投资回报的周期很长，比如读临床医学、口腔医学的，要本科、硕士、博士这样一路读下去，算算毕业时已经几岁了？当然，我不是因此就说女孩子读医科不好，女医生是很令人敬佩的，但如果你确实不擅长读书，就要尽快调整赛道，选择最适合自己的专业去读。

什么人适合去读三年制卫校

除了"3+2"，还有一种三年制，通俗来讲就是后面两年没有直接对接大专，需要自己去考。哪类学生适合去读三年制呢？差普高线几分的孩子，语文、数学、英语都比较好，但是读不起私立高中。她们本身成绩还算不错，如果选择读"3+2"，毕业后只能获得大专文凭，肯定心有不甘，那就可以读三年制的护理专业，等到第三年的时候，参加技能高考，通过这种方式去考本科，考试内容主要是语文、数学、英语三门，再加上一门护理专业课。国家现在正在大力扶持中职教育，每年的本科投放比是 26%～40%，而普通高中和私立高中的本科录取比才 10%，这里面还包含特长生。

卫校还有其他专业可以选吗

有家长可能会问，如果去读卫校，别的专业能不能读，比如医学检验、医学影像、药剂学、中草药学、预防医学、中医针灸、口腔医学等？

我从实际情况给各位家长分析下。

医学检验、医学影像、药剂学是坐办公室的，主要是操作仪器和设备，需要很强的技术功底，不像护士那样需要照顾病人。本科生都挤破头想竞争这个职业，中专生更是困难重重。

为什么我建议孩子选择读护理专业？因为当护士是要吃苦耐劳的。医学检验、医学影像、药剂学确实比护理专业轻松很多，但岗位少。可是几乎每个科室都需要护士，自然招的人就多。有人觉得做护士太辛苦了。女孩子做销售不苦吗？做白领也很辛苦的。每种职业都有它的"苦"，想要把工作做好，就需要接受这种"苦"。

不管怎么说，医院里冬天有暖气，夏天有空调，风吹不着雨淋不到，而且时代在进步，现在有很多高科技医疗器械，护士的工作量已经减轻了很多。

女生的三条可通本科的稳妥路径

如果女孩高中升学无望，而家里的经济条件又相对普通，无法支持她读私立高中，同时，她对卫校和护理等专业也不感兴趣，不想做护士，应该怎么办呢？

其实，即便不选择卫校，也不意味着求学之路就山穷水尽了，依然有三条路径可走，并为日后通往本科打下基础。

选择一：公立中专、职高或职业教育中心

在家乡寻找一所公立的中专、职教中心或职高，那里设有"3+3"技能高考班，也称为对口升学班或职教高考班。

专业可以考虑园林园艺、工程造价、酒店旅游、学前教育、特殊教育、家政服务管理、数字媒体技术、建筑设计及物流管理等。

直接升学通道：在第三年时，女生可以通过技能高考直接考取本科，这类班级的本科录取率通常比较高，甚至远高于普通高中和私立高中。即便成绩稍逊，也有高职单招这一稳妥途径，确保孩子能进入全日制的统招公办大专深造。在一个班级中，每50个孩子中就有13～20个能够成功升入本科，这可以说是一个相当可观的比例了。值得一提的是，这类教育前三年学费几

乎全免，性价比极高。

专业选择：需要注意的是，并不是所有专业都能通过技能高考考取本科。比如市场营销、工商管理、国际贸易、家政服务与管理、面点工艺等专业，虽然实用性强，但可能无法直接通过技能高考升入本科。而物流管理、物业管理、工程造价、建筑设计、数字媒体技术、计算机平面设计及计算机网络设计等专业，则提供了直接考取本科的机会。

学习难度适中：进入这些班级后，学生主要学习语、数、英等基础学科，难度大致相当于小学六年级到初二的水平，相对较为简单。同时，专业课程的难度也适中，不会给孩子带来过大的学习压力。

选择二：公立高职高专的五年一贯制

如果女孩英语比较好，但数学较差，不妨考虑五年一贯制或中专三二分段的教育模式。这种教育模式可以让学生在完成三年中专学习后，直接进入大专阶段学习两年，并最终通过专升本考试升入本科。

利用英语优势：如果女生英语成绩优秀（达到85分以上），那么，她可以优先选择商务英语、旅游英语、应用英语或小学学前教育（英语方向）等专业，不仅能够充分发挥英语优势，还能通过五年的系统学习，进一步巩固和提升英语水平。

专升本成功率高：在五年的学习过程中，孩子将接受更专业和深入的英语教育和技能培养。在中专阶段打下坚实的英语基础后，就可以对接公办大专。到第五年时，就可以直接参加专升本考试，并凭借扎实的英语基础和专业知识升入本科。

此处值得注意的是，对于女性专科生而言，在选择专业时需要更加谨慎。如果对水、电相关的专业，比如风力发电、光伏发电、水电站运营管理、水文与水资源管理等，或是护理、中医针灸、高速铁路乘务、航空服务、国际邮轮乘务等专业感兴趣，请务必了解这些专业的就业前景与职业特性。虽然这些专业各有特色，但往往对从业者的身体素质、专业技能和职业素养有着较高要求。因此，在选择时，要结合自身兴趣、能力及职业规划进行综合考虑。

选择三：省会城市寻找开设职普融通班的公办中专

如果女孩外貌条件比较好，身材也高挑，而且成绩属于中游水平，家庭条件普通，那么，我建议在省会城市寻找开设职普融通班的公办中专，特别是艺术、音乐或舞蹈高考班。这类班级不仅学费低，还能根据孩子的实际情况灵活调整学习路径。如果孩子文化课成绩较好，可以尝试把高考的英语科目调整为日语，就能以较低的分数进入本科；即使成绩不理想，也能平稳过渡到技能高考班，确保至少能够获得公办大专的学位。

如果女孩中考文化成绩低于公办中专录取线，我有两点建议：一是选择民办技工学校，就读三年制对口升学班，并且尽量选择走读不住校；二是选择进入私立高中，因为女孩安全与健康永远是第一位的，虽然相较公立高中来说，私立高中学费高昂很多，但管理上还是很严格的，对女孩子来说更有保障。

总之，没有最好的选择，只有更适合自己的选择，家长们要结合家庭实际情况和孩子的自身条件，综合来判断。

考不上高中，女孩要警惕哪些坑

如果女孩无法考上高中，那么，在选择学校时，有几个需要格外警惕的"坑"，家长们千万要注意，保持清醒的头脑，避免孩子落入这些陷阱。

首先，要警惕以口腔医学、护理专业、中医针灸等为噱头的一些"学校"，尤其以浙江省、贵州省、云南省等省份居多，这些学校往往打着热门专业的旗号，实际上可能是民办且质量不高的培训机构。更重要的是，如果孩子的户籍和学籍都不在这些省份，则很可能会因此无法参加对口升学考试，最后拿到的只是一张毫无用处的培训证书。

其次，四川省的某些航天航空类学校，以及陕西西安附近的铁道、铁路运输类的某些学校，也需要仔细分辨。有些学校往往以高大上的专业名称吸引眼球，但实际上可能只是打着"保就业、读大学"幌子的培训机构。对于成绩不理想，甚至没有参加中考的孩子来说，这些学校大概率只是让他们去外围打杂而已。

再次，广西和广东的某些"几加几"学制学校同样需要谨慎选择。许多这样的学校往往以灵活多样的学制为卖点，实际上可能只是为了规避中考等选拔性考试，在南宁等地尤为常见。这类学校往往承诺孩子在未来可以参加春季高考，但实际上根本无法兑现。此外，高昂的学费和毕业后就业难的问题也是家长需要认真考虑的。

最后，还要警惕省会城市的所谓"名牌大学"或"知名本科"的远程教育学院或网络函授课程。虽然这些课程听起来高大上，但可能只是网络教育的变种，更适合职场人士自学深造。对于渴望接受全日制高等教育的孩子来说，选择这样的课程只会让他们错失真正的学习机会和成长平台。

再强调一句，无论如何，一定要参加中考，千万不要试图"走捷径"而把孩子送入那些不需要参考中考成绩就能进入的所谓"学校"，它们多半是一些社会性质的培训机构。总而言之，家长在为孩子选择学校时，不要被各种花哨的宣传和承诺迷惑，而是要深入了解学校的实际情况和教学质量。孩子读的学校，必须是教育行政主管部门批准的，确保学生能够完成入学注册学籍并顺利完成学业拿到正式毕业证书。只有这样，才能确保孩子走上一条安全、正规的学习之路。

男生高中无望，该何去何从

如果男孩成绩达不到普高分数线，更愁人的是学习态度还不好，家长又很纠结，不知道该不该花钱让他去读私立高中，在这样的背景下，家长能做的就是确保他能拥有一技之长，未来有机会进一步提升学历。接下来，我将详细阐述三条可行的路径，帮助孩子少走一些弯路。

当男孩数学成绩低于 70 分

如果初中男生的数学成绩长期处于 70 分以下，我建议慎重考虑是否升入普通高中。很多孩子即使经过频繁的一对一辅导，数学成绩仍然只能维持在六七十分的水平，那么他们在高中阶段，怎么可能应对难度更大的理科学习呢？在高中，数学是能否通往本科大门的关键因素。如果初中数学基础薄弱，就算勉强进了高中，也会有从现在的六七十分滑至二三十分的可能。

即便是私立高中，我也不建议让理科不好的孩子进。作为家长，要面对一个现实，那就是学习需要一定的天赋与兴趣作为支撑。尤其是当私立高中的年学费高达数万甚至十万元，而且又以美术、音乐等艺术课程为噱头吸引学生时，更要三思而后行。如果孩子本就缺乏学习动力，沉迷于手机游戏，家庭条件又不允许这样奢侈的支出，那么，转向职业高中或中专未尝不是一个明智的选择。

更何况，随着教育政策的调整，许多省份已经取消了对普通高中和私立高中的单招考试，这意味着孩子即便进入这些学校，也要面临严峻的竞争和挑战。因此，家长们是时候拓宽视野，认识到高中并不是通往大学和就业的独木桥了。

可行路径一：选择公立中职的对口升学班

如果孩子的数学成绩不好，总分只能考到300～400分（各地中考分数不一样，此处以750分为例），那么，首选报考本地级市内的公立中职学校中的三年制对口升学班，该班往往专注于职业技能与升学并重的教学模式。在专业选择上，机电机械、新能源、汽修、无人机应用、工业机器人、模具加工与制作、计算机应用以及建筑工程技术等专业值得关注。这些专业不仅实操性强，能让学生在学习中掌握一技之长，更重要的是，它们通常与技能高考紧密对接。

在第三年，学生有机会参加技能高考（总分750分），如果能取得580分以上的成绩，就可以直接升入职业本科学习。职业本科作为全日制统招本科的一种，毕业证书和学士学位证都具备职业认定资格，其含金量与通过普通高考录取的二本学历没有区别。这就意味着，通过这条路径，孩子就能够在相对轻松的学习环境中获得与传统本科相当的学历和专业技能。

可行路径二：利用英语优势，选择五年一贯制或三二分段

如果孩子的数学成绩相对薄弱，但英语成绩较为突出，可以选择五年一贯制的大专，或本地中专、职高内的三二分段教育。在这类教育模式中，学生先完成三年的中专学习，随后无缝对接至两年的公办大专学习。在专业选择上，适合选择商务英语、旅游英语、应用英语等。通过这样的学习路径，

孩子不仅能深耕英语专业，为之后的专升本甚至考研打下坚实基础，还能在中专阶段积累实践经验，提升综合素质。

可行路径三：超低分考生可以选择民办中专、技校

对于中考成绩总分仅 100 多分的男孩而言，如果是在江浙沪等经济发达地区或省会城市，可以选择就读省会城市或本地的民办中专、技工学校。这些学校虽然整体条件不如公办的职高、中专、技校，但它们往往设有灵活的入学政策，能够接纳不同水平的学生，哪怕孩子中考总分只有 100 多分，它们也愿意接纳。

我认为，孩子在学校里学习，总比放任他们在社会上"闯荡"要好得多。在选择学校时，务必关注学校的师资力量、教学设施、就业前景等因素，确保孩子能在良好的学习环境中成长。同时，家长也要鼓励孩子积极参与学校组织的各类活动和实践项目，培养自己的兴趣爱好和特长技能。未来，无论是选择直接就业，还是通过其他途径继续深造（如自考、成人高考等），这些经历都将成为他们宝贵的财富。

中考各分数段的多元升学策略

下面，我将从中考成绩 100 多分到 500 多分，逐级解析各个分数段的学校选择策略，帮助孩子们既能获得良好的教育，又能避免不必要的陷阱。

100 分左右

我还是要再次强调，即使成绩不尽如人意，也绝不应该成为放弃正规教育路径的理由。现在社会上有不少"绕过中考，直通大专、本科"的诱人宣传，但请家长和孩子务必保持清醒，一旦踏上这些"捷径"，可能最终只能拿到一张"函授"成人大专文凭。

一直以来，我都坚定不移地呼吁：无论成绩如何，一定要让孩子参加中考！中考成绩不仅是升学的敲门砖，更是未来教育轨迹的坚实基石。通过中考，孩子们能在教育部门留下正式的学业记录，这份"中考存根"是一个非常重要的凭证，为日后进一步的学术探索铺平道路。

然后，我们要做的是提前规划，深入了解并咨询本地的职业教育中心与中等专业职业技术学校。在这些机构提供的三年制对口升学班里，孩子们将有机会学习机电机械、新能源、无人机、机器人、大数据、模具加工与制作、建筑工程等领域的知识和技能，通过理论与实践相结合的教学模式，掌握一技之长。这些专业技能不仅具备高度的市场需求，更是开启高等教育和职业生涯的敲门砖。

当然，在择校过程中，家长和孩子们需保持高度的警惕性，远离虚假宣传与不法机构的诱惑。同时，不要盲目追求外地或省会城市的名牌学校，因为本地学校往往更贴近地方政策，也更了解本地学生的实际情况。

100～200分（尤其在县城参加的中考）

如果孩子在县城中考取得200分左右的成绩，我建议可以把目光投向本县公立的中专或职业教育中心，特别是那些提供对口升学班的学校。

中考成绩在200多分的学生应该优先考虑"3+3"模式，而不是"3+2"模式。原因在于，"3+3"模式更加注重学生的学术发展与升学潜力，课程设计注重为学生打下坚实的专业基础，并提供通过技能高考冲击本科的机会。相比之下，"3+2"模式则更偏向于就业，如果孩子未来还想继续深造，可能会受到一定限制。

在专业选择上，孩子可以偏向于机电机械、新能源、无人机应用、机器人、大数据等前沿技术相关的专业。这些专业不仅市场需求旺盛，还能为未来的升学和就业打下坚实基础。

而且，在县城内就读公立中专或职业教育中心往往学费全免，这就减轻了家庭的经济负担。

如果孩子的中考成绩下滑至100多分，选择范围可能会相对有限。在这种情况下，我建议考虑民办的中等专业职业技术学校或民办的技工学校。特别是这些学校中的对口升学班，这种班级的好处在于：孩子们不需要提前出去实习赚钱；同时，即使孩子成绩只有100多分，他们也有机会在第三年参加技能高考、高职单招考试甚至是春季高考等升学考试，争取升入全日制统招大专的机会。

此外，还可以尝试在当地或县城的职教中心寻找机会，看看是否能通过一些途径进入这些学校学习。

200～300 分

对于成绩在 200～300 分的学生，有些家长可能会想方设法地让孩子补课，我从个人的角度劝劝各位家长：补课的投入与回报是否成正比？即使采取突击式补课，孩子的分数也很难在短时间内提升到普高的录取标准。

如果身处县城或小城市，我的建议是：优先考虑本县城的职业教育中心，或者中等专业职业技术学校的三年制高职单招班。这些学校不仅学费全免，还能为学生提供与就业市场紧密结合的技能培训，帮助孩子未来更好地就业。各位家长，不要总是瞧不起你们当地的中专，学校的校风好坏并不完全取决于学生的成绩，而是与学生自身的素质和学校的管理有关。

300～400 分

中考成绩在 300 多分乃至 400 多分的学生，需要选择的是一条既符合个人兴趣，又能在未来发展上有所助力的教育路径。因此，我推荐他们选择职业高中，或者本地公办中专的"3+2"中高职一体化项目。

·"3+2"模式

这一教育模式为学生提供了连续五年的系统学习。前三年里，学生将在职业高中或公办中专接受专业技能培训和基础文化课教育；后两年，则无缝对接至全日制的公办大专院校继续深造，从而实现学历与技能的双重提升。这种一体化的教育模式，不仅避免了学生因升学压力而中断学习的风险，还能提前为他们未来的职业发展铺设道路。

·英语专业：开启国际视野的钥匙

如果孩子的英语水平比较好，可以选择旅游英语、应用英语、商务英语、小学英语及学前教育英语等专业，不仅可以培养自己的语言应用能力、跨文化交际能力和职业素养，还可以通过模拟实训、国际交流等多种方式，不断提升自己的英语水平和综合素质，为未来的职业发展奠定坚实的基础。

· 针对数学基础薄弱学生的建议

对于那些文化成绩在 310～350 分，但数学基础薄弱，同时学习也不够自觉的学生，"三二分段"模式或许更适合他们。这一模式允许学生在前三年里专注于自己擅长的领域和兴趣点，通过中专阶段的学习，逐步培养起良好的学习习惯和自信心。同时，学校也会根据学生的实际情况，提供个性化的辅导和支持，帮助他们克服英语、数学等科目的难关。后两年，学生将过渡到全日制统招公办大专。

400～500 分

当孩子的中考成绩预计在 400～500 分时，家长在填报志愿时需要格外谨慎，尤其是在家庭经济条件较为困难的情况下。

· 普通高中作为稳妥备选

首先，普通高中作为传统升学路径，自然是填报志愿时的重要备选。然而，在选择普通高中时，也要充分考虑家庭经济状况，避免因高额学杂费而加重家庭负担。

· 谨慎选择私立高中

如果家庭条件一般甚至拮据，尽量不要选择私立高中，尤其是提前批次录取的私立学校。这些学校往往学费高昂，也可能存在因经济条件筛选学生，强制引导至特定班级（如美术、音乐特长班）的情况。这不仅会违背学生的兴趣和意愿，还可能因为高昂的特长培训费用，进一步加剧家里的经济压力。

·职业高中的优势

如果家庭经济条件有限，可以优先考虑选择职业高中。对于男孩子而言，综合高中班或"3+3"技能高考班是不错的选择。综合高中班既注重文化课的学习，又兼顾职业技能的培训；而"3+3"技能高考班则更加专注于职业技能的提升，为有意愿冲刺本科的学生提供有力的支持。通过三年的中专学习和三年的大专学习（如果成绩优秀，也可能是四年本科），学生不仅能获得扎实的专业技能，还有机会通过技能高考进入本科院校深造。

什么样的孩子适合"中本一体"

还有一条路径值得关注，那就是在江苏省、山东省、上海市、浙江省、重庆市以及贵州省的部分地区实行的"中本一体"制度。简单来说，就是中考成绩介于普高和重点高中之间，这时候，就可以选择读"中本一体"。

"中本一体"也叫"3+4"，顾名思义，就是中专读三年，之后本科读四年。以这种方式对接的本科学校，通常是公办二本，分数线还是比较高的。

还有一种叫作"5+2"的模式，主要集中在北京和江苏等地，先读一个"五年一贯制"，包含三年的中专和两年的大专，最后对接的是民办二本。

虽然这两种模式都是七年学制，但"3+4"明显更优质，因为它直接跳过了大专阶段，让学生有机会进入公办二本。而"5+2"则相对复杂，需要经历中专、大专和本科三个阶段。

那么，什么样的人适合选择这两种模式呢？"3+4"和"5+2"都适合那些学习成绩有下滑趋势的学生。比如，小学时成绩优异，甚至在全国奥赛中获奖的学生，或者是在父母的严格鞭策下，成绩一直很好的孩子，但是到了初中，尤其是初二阶段，他们可能会遇到学习上的瓶颈，数学成绩从满分下滑到八九十分，补课也开始变得吃力。对于这样的孩子，选择"中本一体"可能是一个更好的出路。

特别提醒：没有完美的学校

现如今，许多家长在挑选学校时总是过于挑剔，就如同挑选房子时，要么觉得朝向不佳，要么感觉得房率不够高，纠结半天下不了决心。

在孩子成绩不太理想的情况下，家长就要及时调整这种"购房"心态，今天可能觉得某个中专或职高不够好，但只要还能报上名，那就是一个机会。如果一直对它抱有偏见，等到下个月再想报名时，可能连这个机会都错过了。

特别是那些小县城的低分段孩子，如果分数只有一二百分，无法进入当地的公办学校，我建议不要局限于本地，而是尽量去省会城市看看。现在许多省会城市的民办技校或中专都设有对口升学班，可以为孩子提供更多的选择。

中考踩线，到底应该怎样选

什么是"伪踩线"

在一些竞争激烈的地区，比如广东、浙江、江苏，以及各大省会城市，如武汉、郑州等地，存在所谓的"伪踩线"现象，这指的是由于私立高中的涌现，公立高中的录取分数线看似降低，实则学生需要达到远高于公示的分数，才能确保有公立普高可读。因此，家长要辨别自己的孩子是否真正达到了就读公立普高的标准。

优先读普高，哪怕是最后一名

无论是男生还是女生，也不管地域差异有多大，我的建议始终如一：只要有机会踏入普通公立高中的门槛，那就值得全力以赴。高中教育作为中等教育的重要阶段，意义远不止于知识的积累，更在于个人综合素质的提升、视野的拓宽以及未来能够拥有更多可能性。

警惕捧职高、贬普高的极端观点

近年来，部分报考老师或教育工作者持有某种极端的观点，认为职高将成为未来教育的主流，甚至主张放弃普高而全面转向职高。这种看法有一个很致命的问题，那就是忽视了教育的多样性和学生个体的差异性。相比于普高教育，职高教育侧重于职业技能培养，更适合于有明确职业规划和兴趣导向的学生。二者没有孰优孰劣，只是适合不同的学生，为社会培养不同的人才。

高中教育阶段相对于义务教育阶段而言，市场化和竞争化的趋势确实更明显，但这并不意味着高中教育就无法创造社会价值。一个健康、公平、高质量的高中教育体系，对于提升国民素质、促进社会进步具有不可估量的价值。

什么情况下建议读职高和中专

在北上广深等竞争激烈的城市，孩子即使以普高线最低分入学，也可能面临"伪踩线"的情况，导致最后无法进入公立普高，这个问题我们后面会谈到。因此，对于文科弱、理工科强的学生，倘若家庭条件又一般，我不建议强行就读私立高中。

这个时候，家长和学生不妨调整思路，把注意力转向挖掘理工科潜力上。

高中阶段是一个至关重要的筛选与培养阶段，它如同一块试金石，旨在发掘并培育那些在理工科领域，特别是物理、化学、生物、数学等核心学科上展现出非凡天赋的"芯片苗子"。因此，学生在理工科领域的潜力，将会决定他们未来能否在科技领域发光发热。

此时，职高、中专的"3+3"技能高考班就是一个务实选择，先通过三年专业技能培训，再以技能高考成绩决定升学方向，直通职业本科或大专。这不仅提供理工科实践机会，还构建了升学通道，减轻家庭经济压力。

理性看待职高和中专的"不单纯"

相较于普高而言，中专和职高在某些方面确实复杂一些，这主要体现在多样化的课程设置与班级类型上，如"3+2"模式、火箭班、艺术特长班、"3+2"就业班以及成人就业班等。这些班级或项目往往会伴随着额外的培训费用、材料费用等。

然而，我们也要谨慎看待一些别有用心的"建议"，比如让成绩不好的学生放弃中考，直接选择"3+2"模式或者三年制中专，这背后往往隐藏着复杂的利益动机。他们可能通过夸大"3+2"模式的便捷性，或者利用家长和学生对于升学焦虑的心理，来推销自己的培训服务等。

家长们一定不要盲目听信他人的推荐或夸大其词的宣传，一定要让孩子参加中考之后再去做选择。同时，我也相信，随着职业教育的规范化发展，教育市场的监管力度会不断加大，各种违规操作和利益捆绑行为会越来越少。未来，每个学生都能够享受到公平、优质的教育资源。

以"普高线"为基准的升学之路

只要中考成绩能够过普通高中录取分数线，那么，孩子就离全日制统招本科更近了一步，而且还是令人向往的一本院校或公办二本高校。接下来，我来详细阐述一下以普高线为基准的升学路径，希望每个孩子都能找到适合自己的升学之路。

超出普高线 30 ～ 50 分

对于那些身处江苏、浙江、重庆、山东、上海、安徽等地的学生，如果中考成绩能够超出普高线 30 ～ 50 分，除了公立普通高中外，我还强烈建议选择"3+4"模式。前面已经解释过，"3+4"就是先在本地级市就读三年的公立中专，随后无缝对接至一所公办二本乃至一本高校，继续深造四年。这意味着孩子不需要承受高考的压力，就能直接进入本科学习，所获得的本科文凭与通过高考进入大学的毕业生的文凭没有区别。

超出普高线 30 分以内

如果孩子的中考分数略高于普高线，超出 30 分以内，没能达到"3+4"

的标准，那么，就可以考虑"5+2"或"3+2"五年一贯制大专加本科的升学路径。这种模式下，孩子先完成三年中专教育，随后进入两年大专阶段，最终对接至全日制统招二类本科。这样一来，孩子在第七年时便能拥有本科文凭，之后是工作还是考研，由孩子自己决定。

中考成绩略低于普高线

对于那些中考成绩略低于普高线，但差距不大（如20分以内），且数学成绩较好的男生（比如满分120分的情况下，可以考到80分以上），我建议让孩子就读本地职高中的直通班。这些班级的教学模式与普通高中相似，分文科与理科，可以帮助有潜力的学生实现本科梦想。对于女生而言，如果英语成绩突出（满分120分，可以考80分以上），而数学相对薄弱，且中考成绩与普高线差距在50分以内，那么，我建议选择五年一贯制的高职高专英语专业。无论是商务英语、国际商务英语还是小学英语教育、学前英语教育等专业，都能让孩子在擅长的领域发光发热，并通过专升本考试（不考数学）升入全日制统招本科。

写给低于普高线 50 分左右的孩子

中考成绩出炉，孩子的分数与普通高中录取分数线相差 50 分，面对这样令人心焦的情况，许多家长和孩子都会感到焦虑和迷茫，既不愿选择费用高昂的私立高中，又想将来可以获得本科学历，该怎么做呢？接下来，请紧跟我的指导，为孩子规划一条适合的学习路径。

第一条路：卫校护理 "3+2" 模式

当地的卫生学校是首选，可以选择护理专业的 "3+2" 模式。孩子在卫校先完成三年的中专学习，随后对接到两年的护理大专课程。完成这五年学习后，孩子有机会参加专升本考试，向更高的学历层次迈进。即便没能顺利完成专升本，还可以通过自考方式获取本科文凭。同时，建议孩子考取护士执业资格证，保证以后的就业。

第二条路：农业中等专业职业技术学校

如果是男孩子，同时对农业领域感兴趣，那么，本地的农业中等专业职业技术学校将是一个不错的选择。学校会提供水产养殖技术、林业种植技术、畜牧兽医技术、农村机电技术、种子作物技术以及动物医学技术等专业的课程，孩子未来可以向农业技术人才方向发展。通过"三二分段"模式，也就是三年中专加两年公办高职高专，孩子不仅能获得免费的中专教育，还能以较低的学习成本（两年学费总计约 9000 元）完成高职学习，获得大专文凭。毕业后，孩子既可以选择继续进行专升本深造，也可以直接参加工作。

第三条路：职业高中技能高考班

如果孩子对农业和医护领域都不感兴趣，而是希望直接冲击本科，那么，可以考虑报考本地或省会城市的职业高中或中等专业职业技术学校，选择"3+3"技能高考班、对口升学班或职教高考班。

男生可以选择机械、新能源、无人机、机器人、模具、建筑工程等专业，女生则可选择物流、物业、园林园艺、数字媒体技术、特殊教育、学前教育、林业种植技术及会计、建筑设计等专业。

第四条路：五年一贯制大专英语特色班

如果孩子的学科表现中，英语较好，数学较差，我推荐选择本省或地级市内的职业技术学院五年一贯制大专的英语特色班。让孩子先完成三年中专的英语学习，包括商务英语、旅游英语、应用英语、小学教育英语方向、学前教育英语方向及国际商务英语方向等，之后无缝衔接至两年大专学习。五年中，孩子将沉浸在英语环境中，不断提升语言能力。在第五年，孩子同样有机会参加专升本考试，实现学历的进一步提升。

孩子，请坚决向逃学、休学、辍学说"不"

我强烈呼吁各位家长和学生：务必珍惜中考这一重要的人生转折点，不要轻信他人诸如放弃中考、提前择校的建议。

不参加中考，你未来打算干什么呢？

要知道，现在的教育环境已经大不相同，许多县城和地级市的中专、职高都面临招生不足的困境，它们都在纷纷扩招，以此吸引更多生源。所以，只要能够参加中考，哪怕成绩不那么理想，也完全可以选择当地免费的三年制对口升学班。

2024 年有高达 70% 的孩子踏入高中或者中专、职高的校门，这个数字意味着什么呢？以 2023 年为例，假设孩子的文化课成绩只有 300 分，在江苏、浙江等地区，这样的分数是很难进入公办中专的。然而，随着高中扩招政策的实施，普高线的下调已成定局，这就会连带影响中专和职高的录取分数线。也就是说，原本需要 400 分才能入读公办中专或职高的孩子，2024 年或许只需要 300 分，甚至更低的成绩，就能进入心仪的学校。

我还有一些想对孩子们说的话。同学们，**无论你多么不爱学习，一定不要放弃读书**。请务必牢记，逃学、休学甚至辍学，这些都不是你们应该选择的道路。我很理解你们当前的困惑和压力，或许现在的学习内容对你们而言如同天书，父母也正用他们的方式给你们施加无形的重压，在你们心中，学校已经不再是充满欢笑与梦想的地方，而是如同战场一般，让人心生畏惧。

但是，无论遇到多大的困难，都请不要轻易放弃学业。你们现在正处在一个充满无限可能的年纪，十三四岁正是人生中最宝贵的时光。外面的世界虽然广阔，但对于现在的你们来说，却充满了未知与风险。你们或许想着去打工、去创业，然而，没有足够的知识和技能，想要在社会上立足又谈何容易？

想想看，如果你们现在选择辍学，去学一些技术门槛很低的手艺，最终可能只是日复一日地干着翻轮胎、洗杯子这样简单而枯燥的工作。你们的青春将在无尽的劳作中被慢慢消磨，而你们所能收获的，也只是微薄的报酬和无尽的疲惫。这样的生活，真的是你们想要的吗？

孩子们，你们知道吗，接受义务教育是你们应有的权利，更是你们作为社会一员的责任。它不仅仅是为了让你们学习知识，更是为了让你们学会如何做人、如何处世。在这个过程中，你们会遇到各种各样的人和事，这些都是你们成长道路上不可或缺的宝贵财富。

现在的你们或许会产生逃避的念头，我都能感同身受，因为这些我都经历过。但请相信，只要你们坚持下去，就一定能够找到属于自己的方向。即使现在的数学、英语、语文让你们感到头疼不已，即使你们听不懂老师的讲解，但只要你们能坐在教室里，在每节课里保持专注，那么，你们就已经走在成功的道路上了。

最后，我想说的是，如果现在放弃了中考的机会，那么你们未来的道路将会变得更加艰难。相反，如果你们能够勇敢地面对挑战、努力备考，争取在中考中取得好成绩，那么你们就有机会进入更高层次的学习阶段，拥有更广阔的未来发展空间。无论遇到什么困难和挫折，都不要轻易放弃自己，要学会坚持和努力，要相信自己有能力改变命运。

高中三年规划：
未来职业的关键期

如果可以选择，就去读重点高中的普通班

如果孩子的中考分数超过普高线 30 分甚至 50 分，这时候，家长心中肯定会有一种错觉，那就是自家孩子肯定可以成为普通高中的尖子生。但我坚定地认为：宁可成为重点高中里的"凤尾"，也不要在普通高中里做"鸡头"。对此，我总结了以下三点原因。

师资条件的差异

在重点高中里，无论是普通班还是重点班，配备的师资力量都是雄厚的。这里的老师大多毕业于 985、211 等名校，有着丰富的教学经验，他们大多也是各自学科领域的佼佼者。在师资条件上，重点高中或者重点班无疑具有更大的优势。

教学环境的差异

学习环境对于学生的学习效果有着重要的影响。为什么寒暑假都有重点高校的研学体验？就是为了让孩子提前感受好学校的学术氛围。重点高中也是一样，一个积极向上、充满竞争的学习氛围，能够激发学生的学习动力，

促使他们不断努力。

信息资源的差异

重点高中往往能够汇聚更多的优质教育资源和信息资源，为学生提供更广阔的发展空间。这些资源包括最新的学术研究成果、优秀的师资力量、丰富的课外活动，以及广阔的升学渠道等。普通高中则可能无法提供如此丰富的资源。因此，选择重点高中不仅能够让学生获得更好的教育资源，还能够为他们未来的升学和就业打下坚实基础。

英语不好，孩子还有别的路可以走

英语薄弱，不仅仅是孩子的问题

很多家长都担心孩子英语学不好导致未来高考失利，我想说的是，不要因为孩子现在英语成绩不佳就对他失去信心。事实上，学习是一个持续的过程，无论年龄大小，都有进步的可能。从小时候起，我的英语成绩就不好，尽管父亲尝试了各种方式，包括一对一辅导，我的英语成绩始终无法提升。这并不是因为我不努力，而是每个人的学习方式和兴趣点不同。

后来，当我真正意识到英语在实际工作中的重要性时，我已经 33 岁了，那年，我开始零基础学英语，通过每天的努力和坚持，最终成功地通过了英语四级考试。我的经历证明了，只要有心，任何年龄段的人都可以学好英语。

相比于其他学科，语言学习有其自身的特殊性，中国学生学习英语，有许多客观因素影响学习效果。

第一，缺乏学英语的环境。学生们在日常生活中很少有机会使用英语，作为一种语言，英语学习应该融入实际生活中。单纯的课堂教学，尤其是在 45 分钟内，很难达到良好的学习效果。

第二，学生的需求感和满足感不足。在大部分学生的认知里，英语仅仅是一项学习任务，而非解决问题的工具，只有当学生们意识到英语是他们融入集体、满足生活需求的必备技能时，学习动力才会大大增强。

第三，教师的水平参差不齐。许多教师自身口语能力有限，缺乏与国外交流的经验，导致他们的教学方法单一、缺乏创新，不能将语言学习与实际应用相结合。

第四，文化背景的差异性。英语作为一种西方语言，其底层逻辑和思维方式与我们汉语文化有很大差异。

因此，我们不能仅凭英语成绩来评判一个孩子的学习好坏。英语虽然重要，但它更多是一种附加的语言技能。

为什么我推荐转学日语

对于英语学习困难的学生，我建议转向小语种。但请注意，这个操作的前提是孩子一定要参加中考，即使没有考上普通高中，哪怕在中专、职高读书，也可以转小语种，因为小语种的学习主要是为高考服务的，中考只能考英语。

中国人学习日语，就好比英国人学习法语。对于中国孩子来说，学日语可能还有一个很大的推动力，那就是他们对日本漫画的兴趣。

在某种程度上来说，日语学习相对简单。举个例子，日语中的"电话""天气""豆腐"发音都与中文类似。这意味着，在学习日语的过程中，孩子会发现很多单词与中文相似，这无疑会大大减轻他们的学习负担。此外，中日两国相似的文化背景，也有利于孩子进入日语语境。

当年，我在父母的支持和鼓励下，从高一开始自学日语，其间也没有参加过任何培训班，我在高考中日语取得了137分的好成绩。这段经历让我深切体会到，日语学习确实有其独特的魅力，并不像我们想象中那么难。

转学小语种的操作流程

如果学生在高一时就决定改学日语，可能需要支付2万元的额外费用。如果家庭经济条件不允许，学生完全可以自学日语。对于那些英语成绩不佳的特长生（如美术生、音乐生等），也可以在高三时改学日语，通过短期的几个月学习，就有可能取得比英语高的分数。这是因为日语考试的题型相对有利，选择题占120分，而作文只有30分。相比之下，英语的填空题和作文对于基础薄弱的学生来说，得分难度较大。

大部分学校会主动提供改学小语种的相关信息和通道，即使学校没有主动提供，学生和家长也可以通过学校组织的网上报名系统自行选择，这是学生的权利，也是学校的义务。

通常在高三的12月，学生会收到一份电子版高考报名卡，在这份报名卡上，除了需要选择文科或理科外，还需要选择考试语种。学生可以在英语、法语、德语等多种语言中做出选择，其中也包括日语。如果希望选择日语作为考试科目，只需在对应的日语选项上打钩即可，无须支付额外费用。

不必为英语成绩过分焦虑

英语薄弱无须强求，我们应以一分为二的视角来看待。根据国家政策导向，未来语文的重要性日益凸显，而对于小学三年级以下的孩子，英语科目可能逐渐转变为副科。因此，家长不必过分焦虑孩子的英语成绩，而是应关注孩子的兴趣与需求。

在孩子童年时期，快乐与健康应放在首位。当孩子缺乏学习意愿时，即使请来高考状元进行一对一培训，效果也往往微乎其微。当孩子步入社会，为了升职加薪而需要英语时，他们自然会主动学习。

我想强调的是，家长应换位思考，理解孩子的感受，平时尽量结合孩子的兴趣，引导孩子学习英语。若条件允许，可以鼓励孩子参加国外游学活动或交换生项目，深入体验外国文化，将有助于孩子真正爱上英语。如果没有这样的条件，观看国外影视剧也是一个不错的选择，有不少孩子就是因为喜欢看《老友记》这样的美剧，掌握了很多英语日常用语。

人工智能背景下，英语还有必要学吗

有家长问：现在人工智能这么发达，安装个手机翻译 App，几十种语言都能翻译，还有必要学英语吗？

我的看法是这样的：无论是否选择转小语种参加高考，都必须学习英语。我依然建议不要忽视英语作为一种国际交流工具的重要性。当一个人掌握了英语，他的流量池将得以打开，影响力将不再局限于某个特定地区，这将为他带来更多的商业机会和更广阔的发展空间。所以，要想与外国人顺利进行商业交流，赚取认知以外的财富，拓展自己的影响力范围，必须学好英语！

首先，英语有人才筛选的功能，有人说英语在国内学了没用，平时也用不着，但它就是承担了一个筛选作用，因为它能够反映一个孩子是否自律、是否努力。为什么很多理工科的学生，数学考 150 分，英语只有 30 分？你说他笨吗？不是，是懒得背单词。为什么无论考公务员还是考研究生，英语都是必考项，数学反而不是？因为英语是可以厚积薄发的。这就是国家筛选人才的重要标准。

所以，英语要不要学？英语肯定是要学的，而且要尽量学好。我再总结一下它的三大功能：筛选功能、世界通行证功能、变现功能。

其次，我们身处国际化程度很高的时代，英语又是全球性语种，如果孩子要去美国、加拿大、澳大利亚、新西兰等国留学，基本上都要求具备英语沟通和表达能力。虽然可以随身带一个翻译机，但偶尔旅游用一下还可以，真要在那里学习几年，完全靠翻译机学习和生活是不现实的。

最后，英语是一种沟通工具，即使不是英语专业的学生，也会做科研、写论文，是不是需要查国外文献？要学习国际领先的高新技术，不会英语怎么学？所以，它是你提升技术水平和工资待遇的助力。

高一学生切勿盲目选择特长发展

在高一这个关键的学习阶段，如果孩子以往没有进行过特长培养，我强烈建议不要急于走上特长发展的道路。无论孩子是在私立高中还是公立高中就读，无论他们的月考成绩如何令人担忧，高一都不是选择特长的最佳时机，因为这背后隐藏着陷阱和隐患。

误导与误判

当月考成绩揭晓时，由于分数不理想，家长们往往会收到来自学校的各种建议，比如让孩子转向特长发展。比如有的机构特别肯定孩子在某些方面具有天赋，甚至承诺只要加入特长班，就能进入所谓的"重点艺术班"，并建议孩子选择文科方向。但请家长们保持清醒，不要被"你家孩子天赋异禀"的声音所迷惑。

最为关键的一点是，特长发展会对孩子的文化学习造成严重影响。在高考中，文化课成绩至关重要，特别是对于特长生而言，文化课的分数线也是硬性要求。如果孩子在高一阶段就过早地把精力投入特长训练中，从而忽略了文化课的学习，那么，他们未来在高考中的竞争力就会大打折扣。更严重的是，一旦孩子形成了依赖特长升学的心理预期，就很容易忽视自身文化素质的全面提升。到了高一才开始给孩子选择特长，很有可能不仅特长没有培养起来，文化课还掉队了。

我衷心希望家长们能够充分考虑孩子的实际情况，不要盲目跟风或轻信他人的建议，而是要结合孩子的兴趣、天赋和长远规划来做出明智的决策。

高昂费用的隐患

特长发展之路往往伴随着不菲的经济投入，尽管初期可能承诺了包含所有费用的"一揽子"计划，但后续的实际操作中，却隐藏着诸多额外费用。例如，集训阶段的额外收费、小班教学的升级费用、校考及文化课补习的额外支出等，这些隐形的费用加起来，会让普通家庭承受巨大的经济压力。家长们在决定让孩子走特长之路前，务必充分了解并合理规划预算。

高二是否可以转为特长生

如果孩子高二阶段的文化成绩基本徘徊在二三百分，甚至更低的分数段，是否应该让孩子改为特长生？不可否认，特长培训能够提升孩子的某些技能和能力，但也需要理性分析孩子的实际情况，并充分考虑家庭的经济状况、孩子的兴趣，以及未来的就业市场等多方面因素。

正视当前教育环境的变化

与过去不同，如今的艺术类高考竞争异常激烈，文化课成绩的要求也水涨船高，艺考已经不再是那个可以轻易实现"弯道超车"的捷径了。在许多地区，哪怕是考普通二本，文化课成绩也要在 350～400 分。在江浙沪等发达地区，即便是民办二本院校，文化分也需达到 420 分以上才有希望。因此，我建议家长们优先考虑让孩子选择政治、历史、地理等文科科目作为学习方向，并根据孩子的英语成绩情况，适时调整语种学习（如日语、德语、法语、西班牙语等），以确保孩子在文化课成绩上能够稳步提升。当孩子的文化课成绩稳定在 400 分以上时（具体也要视当地的艺术类本科线而定），再考虑是否转向特长生也不迟。

不要以孩子的身心健康为代价

如今，市面上不乏培训机构或个别教师，以"低分也能上本科"为诱饵，引导孩子参加美术、音乐等特长培训。他们或许会承诺，只要孩子能考到300多分，便有机会通过特长升入本科。然而，家长们不知道的是，孩子将要穿梭于各种特长班、集训营中，高强度的训练、严格的考核、家长的期望……这些压力如同一座座大山，压在孩子的心头。他们不仅要面对身体上的疲惫，还要承受心理上的煎熬。许多孩子在长期的压力下，出现了焦虑、抑郁等心理问题，有的甚至选择了极端的方式来逃避现实。

高昂费用与学业风险

从经济层面考虑，特长培训费不是一笔小数目，尤其是在高二这个关键时期，一旦决定走特长路线，家长往往需要立即支付高达数万元的培训费用，再加上生活费等开销，整个培训周期下来，费用很可能突破10万元。更麻烦的是，在这半年的特长培训期间，孩子将完全脱离文化课学习，这对于原本文化基础就薄弱的孩子来说，无疑是雪上加霜。等到联考结束后，孩子重新回到课堂，面对已经生疏的文化知识，成绩很可能会一落千丈。

警惕培训学校的虚假宣传

某些培训机构为了吸引生源，不惜夸大培训效果，误导家长和孩子。他们承诺的"名校直通车""专业艺术家之路"等美好愿景，往往只是空中楼阁，难以实现。而真正的教学质量，则因教师水平、课程设置、教学环境等多种因素而千差万别。家长和孩子一旦陷入其中，往往难以自拔，最终浪费了金钱和时间，却未能达到预期的效果。

策略性选择特长

那么如何判断孩子适不适合成为特长生，以及如何选择特长呢？

一是初期观察。在进入高中初期，家长和学生可先不急于选择特长班，而是通过参加各种社团活动或兴趣小组来观察兴趣和天赋所在。

二是适时调整。当发现学生在某一方面具有明显优势或兴趣时，可适时调整学习计划，加强特长培养。

三是冲刺集训。对于需要突击准备的特长项目（如播音、主持、画画等），可在高二下学期至高三期间进行集中训练，以弥补前期不足。

务实规划，着眼未来

作为普通家庭的家长，我们应该更加务实地规划孩子的未来。如果孩子自己也不想走特长生的道路，那么，家长与其把钱投入风险很大的特长培训中，不如选择一条更为稳妥的道路——专科教育。专科教育不仅能培养孩子的一技之长，而且未来还有专升本的机会。

"一步错，步步错"的选科：
理科比文科好就业吗

理科比文科好就业吗

学文科还是学理科，这是困扰很多家长和孩子的难题，"学好数理化，走遍天下都不怕"的老话流传了几十年，甚至有些孩子明明文科成绩好，却在家长的逼迫下选了理科，最后高考一塌糊涂。

为什么家长们对理科如此执着，就是因为社会上一直有个说法：理科比文科好就业，理科门槛高，讲究技术，文科谁都能读，没啥稀奇。

然而，事实果真如此吗？

对此，一位学生家长在向我咨询孩子的学习问题时，忍不住吐露心声：

虽然我已经毕业多年了，但当年文理分科带来的阴影记忆犹新，因为我就是文科好却选了理科的学生。

我的文科好到什么程度？当时每次语文考试都几乎是满分，历史和地理也很好。那为啥选理科呢？因为我所在的学校在入学时就开始分文理科了。我姑姑是老师，她和我们学校的校长曾经是同学，她一看我的成绩都还不错，不仅语文几乎是满分，英语成绩也很好，理科虽然差一点，但也属于中等偏上，于是，她就直接给我选了理科，说是未来好就业。可她没有想到，高中的理科和初中完全不是一个水平，尤其理科班的学习难度又提升了好几个档次，这就导致我在理科班成绩直线下降。但我没有转文科，就在理科班混了三年，其实如果当时转的话，后来应该能考上更好的大学。因为家里人都不同意，我只能硬着头皮学，可是每当看到数学、物理、化学就头疼，学也学不进去，一个公式都记不住，最后干脆摆烂了。

这个故事真的太扎心了，分享给各位。

理科好就业是针对谁说的

如果孩子数学、物理、化学门门都能考到 130 分以上，高考总分达到 580 分以上，那选择理科是没问题的，可以一路本科、硕士、博士读上去，最后留校任教也好，进研究单位也罢，都有很好的前景。但如果成绩一般呢？比如，数学是理科的基础，如果非要逼一个数学只能考 50 分的孩子学理科，然后跟他说学好了容易找工作，这样做除了毁掉一个孩子，没有任何意义可言。

所谓的文科不如理科好就业的说法太绝对了。就业容易与否不是单就学文还是学理而论的，而是要根据不同的成绩档次找到匹配的渠道，只要找对渠道，就能找到适合自己的工作。

如果理科成绩很好，能考上一本院校的核心专业，那就业渠道自然很广。但如果数学都不及格，那家长们通过提早准备，让孩子尽早进入中专、职高，选好合适的专业，同样可以通过技能高考或者专套本等途径，获取匹配自己能力上限的学历。

容易被忽视的文科优势

我们为什么会觉得理科比文科容易找工作？因为理科的优势是显性的，像物理定律、数学公式，似乎拿来就能用，每道题都有标准答案，什么都可以被量化。然而文科给人的感觉就比较感性，在以分数为导向的求学阶段，文科就意味着死记硬背。可是，文科要学好并不容易，是比较考验悟性的，换言之，文科好的孩子，往往在社会上比较容易吃得开。

如果一个人对世事有敏锐的洞察力，也很懂得人情世故，与这样的人交往会让人感觉如沐春风，这是需要多年历练才能达到的境界。对于一个初出茅庐的学生来说，要做到这一点非常难，而招聘者一般也不会拿这个作为用人标准，这就使得文科优势很难一下子体现出来。

但是，家长们都是在职场中摸爬滚打多年的人了，一定很能理解我说的这些。要做事，先要学会做人，这是任何物理定律、数学公式没法教给孩子的，一个人只会做数学题是不够的，还要在文学、艺术、历史中慢慢熏陶。

为什么领导身边的秘书很容易得到提拔？他们首先都是很懂得职场规则的人，不但写得一手好文章，往往还知分寸、守礼节。有些技术人员埋头苦干一辈子，日子依然过得苦哈哈。我就见过一些技术人员，跟领导举杯，把杯子举得比领导头还要高，三句不离自己的技术领域，遇上开明的领导可能还好，如果碰到不太懂业务的行政领导，他很容易就被边缘化了。对孩子的培养，一定不能忽视人文修养的提升。哪怕孩子成绩不够好，只是一个大专生，但是社会不会亏待一个有礼有节又有一技之长的人。文科生照样可以闪闪发光！

比如现在有很多人做直播带货。我想问一下：直播带货凭借的是理科的什么原理？我们为什么喜欢一个主播？因为他的口才好，可以立刻把受众吸引过去。对于老百姓来说，还是通俗易懂、接地气的内容才最具吸引力，这体现的是文科生擅长的情感表达能力。

如果语文、英语成绩尚可，数学成绩较差，那么可以选择"政史地"的组合。这个组合"进可攻，退可守"，既有机会冲刺本科的汉语言文学、师范、法学等专业，又能在文化成绩不够时，通过传媒、表演等特长路径，稳保公办二本。文科的灵活性在于，即使成绩不顶尖，也能通过努力达到一定的分数线，为未来发展留下更多可能。

数学不好，如何选科更保险

文科与理科：记忆型 vs 开拓型

在分析如何选科前，请允许我说句实在话：理科思维是早期培养的，不能说后期努力一点用处都没有，但作用实在有限。特别是进入高中以后，这种差距会越来越明显。初中的时候，只要肯勤奋努力，花时间去记忆知识点，中考的分数就不会差到哪里去。有的孩子可能没有天分，通过一对一补课，照样可以考上重点高中。

可是，到了高中，一切就不一样了，因为高考是一种选拔机制，看重的是天赋型人才，理科更强调创造性和开拓性，有没有天分，这时候就显现出来了。我高中读的就是理科班，那些成绩顶尖的学生做起题目来，确实有种不费吹灰之力的感觉。有一些成绩好的学生说自己从来不熬夜读书，事实可能确实如此，因为他们不是死读书，读理科对他们而言，充满了挑战和快乐。

高中理科强调思考性，与偏重记忆型的历史、政治不一样。所以，适合做理科研发的人，他们掌握的知识点往往不仅仅限于书本知识，更是在基础上衍生、拓展。总而言之，理科考查的不是记忆力，而是一种思维能力。

能不能学理科，与智商无关，靠的是一种悟性，天生没有这种理科思维悟性的话，即使初中通过补课考上了重点高中，最后也会因跟不上而被淘汰。

因为题目已经从考查记忆转变为思维能力了，这是很难通过课后补习和题海战术来获得的。

一本以下无理科

孩子进入高中以后，如果数学成绩在 100 分以下，就果断选文科。因为数学成绩不好的话，大概率物理、化学、生物也不会好到哪里去，因为它们考查的是同一类思维方式，所以不存在数学考 30 分、物理考 100 分的情况。一般正常情况反而是数学考 130 分，物理考 80 分。

但是，很多家长盲目地听别人说理科好就业，就不管数学成绩如何，非让孩子选理科不可。我说得再彻底一些：除非能读到一本，才能称之为理科生，一本以下的，无论是二本还是大专，大多只能称为蓝领技术人员，少有人能成为高精尖的研究人员。

所谓"得数学者得本科"，数学成绩不好的学生，有的只能选文科。

先要有学上，再来谈就业

可是一旦选择文科的话，又会出现一个问题：文科的本科投档线往往比理科高四五十分。

假设河南省的理科线是 410 分，文科线就得 460 分。如果是理科生，想读民办二本的话，起码得有 430 分；如果是文科生，至少得考到 470 分。如果在河南读高中，数学只能考五六十分，物理、化学、生物也听不懂，只好选文科。但转文科的话更麻烦，因为得考 470 分才行。

那怎么办呢？数学成绩如果差到这个程度，为什么要去普通高中呢？如果逼着自己去普通高中，最后很有可能只能读大专，甚至大专也未必考得上。所以，我们要搞清楚一个道理，那就是先要有学上，再来谈就业，即使大专也不是随随便便就能读的，现在基本上要考到 400 分，才能读公办大专。

如果文化成绩在 350 ～ 400 分，能读地级市的公办大专，比如湖北省的荆门、荆州、宜昌、襄阳、孝感、咸宁、鄂州这些地方。如果考 350 分以下，就只能读民办大专。

如果仔细研究下专科的专业，你就会发现，专科院校里的大部分专业是文理兼收的，比如畜牧兽医专业、水产养殖专业、中医针灸专业等，乍一看，它们都应该是理科，但文科生也可以学。所以，在专科学校就不分文理分数线了，而且如果文科比理科好的话，反而选择面还大一些。既然如此，为什么在数学很薄弱的前提下，还要去高中拼数、理、化？

数学特别好，选择物、化、生

现在文理科目的组合非常灵活，也很复杂，有历史、政治、地理，有历史、政治、生物，有历史、化学、地理，还有历史、化学、生物……如果孩子数学成绩优异，中考分数达到 100 多分，那么选择"物化"类组合将更具优势。具体是"物化生"还是"物化地"，可以根据孩子的兴趣和未来职业规划来决定。

如果孩子有志于医学领域，如临床医生、口腔医生等，"物化生"是首选；如果对石油勘探、冶炼或土木工程感兴趣，"物化地"则更为合适；如果孩子的梦想是进入军校、警校，同时身体条件也符合，"物化政"就是不错的选择。

艺考生适合普通家庭吗

靠特长搏本科，真的可行吗

面对不理想的成绩，我相信有很多家长会选择让孩子走特长生的路，比如艺考生或者体育生。这条路真的是捷径吗？我想对家长们说一句：请放弃你们的"幸存者偏差"，大多数家庭并不适合特长生培训。

在孩子小的时候，兴趣特长是可以培养的，但纯粹是作为爱好，而不是以升学为目的。像绘画、书法、器乐等，多涉猎一些大千世界的美好事物，可以培养孩子对美的鉴赏力，提高孩子的审美能力，对孩子见世面、开眼界都是很有帮助的。

但是，我们都知道，想要凭借某个兴趣爱好去搏一个本科，对条件一般的家庭来说是很吃力的，因为这不是光靠砸钱去读就一定有回报的事情，何况大多数家庭是负担不起这种投入的。此外，还要看孩子有没有天分，就是俗话说的要看老天爷是否赏饭吃。孩子上了高中，发现成绩上不去，家长病急乱投医般地考虑走特长生，十有八九是得不偿失的选择。

家长们对时代的变化始终要有一个清醒的认识，这也是我在这本书里反复强调的。艺术生的优势已经今时不同往日了，以前没有自媒体，家长们很难从各种渠道了解行业信息，所以，老百姓对艺考生的整体情况是不太懂的，考的人少，分数线就比较低，300多分就能读一本。现在艺考生培训已经广为人知，竞争压力自然而然就大了，分数线也提高了，信息差带来的优势就没有了。另外，同样是艺考生，不同门类情况还不一样，比如绘画的门槛比表演、体育低，体育还有身高等限制，一旦报名泛滥，承载率和通过率都会降低。

何况，艺考培训也有很多猫腻。我们知道，与小学、初中不同，高中一般就开设九门学科，这里面是不包括美术课的，那么，广大艺考生想要得到专业培训，只能选择参加校外的培训机构，但至于孩子最后考成什么样子，培训机构负责吗？钱已经花了，时间也已经付出了，但没有人为孩子的未来打包票。

美术生面临的几个实际问题

假设确定走美术生的路，我们来分析分析即将面临的一些实际问题。

从美术学科就业的角度来说，它主要有几个方向，一是当美术老师，二是搞雕塑设计，三是从事平面设计。

我们先说做老师，一所小学里面，美术老师的岗位占比很小，而且当下有一个残酷的现实，就是中小学教师岗位已经面临过剩风险，所以，连主课老师的岗位都即将削减，更何况是作为副科的美术老师呢？

初中美术老师的需求同样小之又小，为什么呢？很简单，中考不考。如此一来，想要做正规美术老师的希望，大部分压在了小学少得可怜的需求上。一方面是就业市场的供过于求，另一方面，美术老师的工资很低。至于想要在大学里成为一名美术教师，难度可想而知，大部分美术生是很难达到这个要求的。

再说说设计行业。现在数字媒体、动漫设计看着挺火的，是不是就业前景会乐观些呢？但这些工作可能根本不需要我们在高考之前花10多万元去学美术。尤其是人工智能日新月异的今天，孩子学了四年后毕业，可能会发现自己根本比不过AI。

当然，设计类专业毕业后，建筑设计、景观设计还算是相对比较好的就业渠道，因为从业门槛高，如果能进入一个口碑好的设计公司，在市场需求大的时期，收入还是很可观的。然而，2022 年后的大趋势是，房子不再像过去那么值钱了，甚至很多人都选择租房，而不是买房。在这样的大背景下，对建筑设计师的需求量也会下降。

音乐特长生如何避免被"割韭菜"

音乐能不能学？在孩子小的时候，对他进行音律、节奏感的培养还是很有必要的。我要说的是：进入高中后，就不要再从零开始学音乐了，当然声乐除外。至于钢琴、古筝、笛子、吉他、小提琴等，这些基本上都要有童子功，孩子到高中才开始学习器乐，那完全就是等着被"割韭菜"。

有些高中会和外面的机构签合同，外聘美术老师来学校授课，其实音乐课也是一样的操作方法。我曾经碰到过这样一个案例，一个高一女生吵着闹着让妈妈同意自己去学古筝，甚至威胁说不让学就离家出走。后来问了才知道，原来是机构老师为了推销课程，就对孩子反复洗脑，然后让孩子去跟家长提要求，搞得家长同意也不是，不同意也不是。

面对这样的新型问题，家长们还是应该硬起心肠，对孩子晓之以理。如果是学校的老师给孩子推荐了这些课程，家长们不需要感到不好开口，可以明确对老师说清楚。报器乐类课程这样的事情，应该先与家长直接沟通，家长认可了以后，才能结合孩子的实际情况做出决定，这才是正确的做法。

供一个琴童，差点搭上一个家

普通家庭要不要让孩子走音乐专业呢？我不做绝对的评判，只是给出我的一些看法。

我曾经遇到过不少琴童家长，其中不乏身家千万的大老板，他们不在乎自家孩子未来去哪里上班。这些家庭出身的孩子会请私教，学钢琴也好，小提琴也罢，艺术修养得有，因为这不仅仅能够提高孩子自己的修养，还关乎家长的脸面。而对于普通家庭出身的孩子来说，是否能负担得起孩子走音乐这条路呢？除非真的在器乐学习上天赋异禀，另当别论。

说说孩子走音乐特长这条路的就业前景。如果选择当老师，参考前文美术老师的前景。

有人说还可以去酒吧做伴奏，那里不需要本科学历。家长们来算算账就知道了：培养孩子学琴走艺术专业，一个月上万元的课时费，结果，好不容易供出一个音乐本科生，最后发现很多机构没有那么在乎学历，是不是特别不划算？

如果计划让孩子走音乐专业的艺术生这条路，一定要做好心理准备和经济准备，并且无论是音乐专业还是文化课，都需要相当优秀，这样才有可能进入一本院校去深造。否则，大概率会产生极大的落差。

艺术特长培训费用明细

集训费用

根据地区和机构的不同，艺术特长生的集训费用差异较大，为 2 万～15 万元，具体取决于备考方向、班别、师资配备及所在地区等因素。

具体类别费用

美术类集训费用：通常为 2 万～5 万元。

音乐类集训费用：3 万～6 万元。

额外支出：音乐考生还需考虑器材费用（如钢琴、古筝等），以及专家培训费用（每节课可能 1000～2000 元）。

舞蹈类集训费用：一般 2 万～5 万元。

传媒类（如播音主持、编导等）集训费用：一般 1.5 万～4 万元。

其他费用

住宿费用：每月 400 ～ 800 元一个床位。

食堂费用：一顿饭价格 8 ～ 15 元，一个月饭费 600 ～ 1200 元。考虑到学生会购买零食和夜宵，整个集训期的餐饮费用可能会更高。

额外费用：一、每次考试都需要缴纳一定的报名费；二、参加校考或联考可能需要到外地，产生的交通费用不容忽视；三、购买教材和学习资料也是一笔开销。音乐考生还需考虑器材费用，以及专家培训费用。舞蹈生的服装等费用也不容忽视。

综上所述，艺术特长培训的费用确实不菲，家长在决定让孩子参加此类培训前，尽可能充分考虑家庭经济状况、孩子的兴趣与天赋，以及专业未来的发展前景。同时，要警惕部分机构的不实营销手段，理性选择适合孩子的培训方式。

女孩能不能读私立高中

谁说女孩不能读私立高中

有家长认为我一直很反对送孩子去私立高中，其实，我从来不会对某个问题做一刀切的解读，而且这个问题对于男孩、女孩来说，答案还不一样。

对于女孩子来说，如果成绩只有 100 多分，连中专和职高都考不上，同时家长的心态是不在乎孩子能考上什么学校，只要让她平安度过高中三年，那我觉得是可以选一个本地的优质私立高中去读的。但不能去外省的私立学校，因为很容易被一些不正规的培训学校忽悠，比如某某航空学校、某某铁路学校等等。另外，跨省的非正规学校是参加不了对口升学的，学费还特别贵，到了那里，还有没过两个月，就被学校以实习为由，分配到当地的机场或者火车站打杂的可能。跨省读书还有一个风险，就是安全问题，女孩子一个人在外地，三观还未定型，很容易走错路，做出不可挽回的错事。这些都是现实中经常发生的事情，家长们一定要引起重视。

女孩在私立高中如何逆袭

即使中考成绩不理想，如果家里条件还可以，家长们在本地帮孩子选一个口碑好的私立高中，只要孩子愿意好好读，考到 400 分还是有希望的。我就遇到过这样一个女孩子，她中考就考了 200 多分，父母送她去读了本地的私立高中，每年 10 万元学费。但是，她家里对孩子的学习还是很重视的，不希望孩子就此放弃学业，就来我这里咨询，我给他们提了几点建议：

第一，英语差，就改小语种。女孩喜欢日本动漫，就选了日语，因为有兴趣，后来学得还不错。

第二，选择文科——政治、历史、地理，为什么？因为历史、政治、地理都是记忆性的东西，它不像数学、物理、化学给人一种千变万化、无法捉摸的感觉。学习需要大量记忆的科目，只要肯花时间背，成绩肯定能提升。

政治、历史、地理三门考到 180 分是没有问题的；语文满分 150 分，只要认真学习，至少能考 70 分；数学满分 150 分，考三四十分总不难吧？日语从高一上学期开始学，比英语好考，我当年在高考时考了 137 分，我觉得考个 120 分应该不是难事。算算已经有 400 分了，高考取得这个成绩，再加上如果女孩子身高超过 165 厘米，就可以去做空乘；如果身高在 172 厘米以上，就可以报考表演系，争取读本科。

我总结一下，正规私立高中虽然收费高，但校风是很严的，学校也追求升学率。家长们要鼓励孩子发挥主观能动性，通过文科学习，实现弯道超车。

哪类男孩适合去读私立高中

数学好，读中专、职高是一种浪费

我遇到过很多孩子，英语只能考 30 分，但数学在中考时可以很轻松考到 100 分以上，甚至超过 110 分，这样的孩子天生就适合学理工科，但在当下的教育体制下，英语作为筛选手段又无法完全规避，如果因为考得不好，就此放弃普通高中，去读中专、职高是很可惜的。

一般来说，很多男孩子都要到 15 岁以后才开窍，他们在初中的时候浑浑噩噩，没考上普高，但后来突然要求上进了，知道了学习的重要性，开始奋力追赶，如果家长发现孩子数学成绩很好，我建议上好一点的私立高中。只要是校风好、教学质量高的私立高中，同样能为国家输送科研型、创新型人才。

英语成绩不好，可以换成日语、俄语、西班牙语、法语、德语等。作为中国人，汉语再差也不会差到哪里去，我见过数学考 20 分的，还真没见过语文考 20 分的。可是，一旦数学成绩差，物理 20 分、化学 15 分也是很有可能的，而且很难通过补习把分数提上来，因为孩子缺乏的是理工科的思维方式。

当前，国家正在积极实施一项重要的教育政策，那就是大力挖掘和培养理工科人才，因为在全球化与科技进步的浪潮中，理工科领域的专业人才是国家发展的核心驱动力。所谓理工科人才，是指那些在数学、物理、化学、生物等自然科学领域具有卓越天赋和浓厚兴趣的学生。这类人才的主要优势不在于对语言文字的掌握，因为随着科技的发展，语言障碍已经可以通过翻译等技术手段加以解决。如果孩子天生就擅长理工科，对理工科有着浓厚的兴趣和坚定的追求，家庭经济条件也允许的情况下，让孩子进入私立高中是值得的，学校也会重点培养。

理科弱的男孩子，别去私立高中

我非常不建议理科弱的孩子去读私立高中，因为进入高中之后，孩子就要面对与初中完全不一样的筛选机制了。九年制义务教育的时候，考的内容都很基础，即使数学成绩不好，还是可以有针对性地弥补弱点，我称之为"乐高型补缺"，就是像玩乐高一样把积木一块一块搭起来，哪个环节有问题，可以重新拼，问题还不是很突出。

高中就不一样了，它属于筛选制教育，与文科相关的内容追赶起来还有希望，只需要多记多背，加强知识点的积累，提升阅读理解能力就行。可理科考查的是思维。以数学为例，高中数学是在初中的基础上进一步拔高，老师在课堂上讲的都是基础内容，关键在于课后思考。

为什么我一直强调不要补课？我有个朋友，他的孩子中考时一举考上了省重点高中，在原来的初中可谓风光无限，可是高考放榜时，他竟然名落孙山了，不要说重点大学，连一本都没考上，孩子选择了复读。后来才得知，孩子在重点高中的三年学得很吃力，因为他觉得老师上课都没有讲什么，尤其是数学课，每堂课老师都会留几道思考题，都是难度极大的，同学们都以做出思考题为荣。可他已经习惯了补课模式，完全不能接受这种充满开拓性思维的学习方式。

所以，如果孩子学习成绩不好，而且在初中时就缺乏数学思维的话，就没有必要继续去读私立高中，费用高昂，而且跟不上学习进度，还不如进入中专、职高，选择他喜欢的专业学一门技术，未来还有可能继续考入大学。

私立高中并不是富人的专属

在我们的传统观念里，似乎私立高中是有钱人的专属，其实并不是这样的。如果家里条件一般，照样有机会让孩子读私立高中。

策略一：理科毛遂自荐法

现在五五分流之后，出现了很多新的私立高中。对于新的学校，摆在它们面前最现实的问题就是升学率（升本率）。如果家庭经济条件一般，但孩子数学成绩较好，家长完全可以凭着这个优点，向新兴私立高中毛遂自荐。可以这样说："孩子数学很好，外语已经改学日语，他读理科的话，考上本科的机会是很大的。我们很愿意来这里学习，孩子也会努力去考上本科，能不能帮忙减免一些学费呢？"

我可以负责任地说，这样的谈判策略具有一定的可行性，对于一所新兴高中来说，理科好的孩子就是优质资源，一旦考上了985、211大学，那就是活广告了。客观来说，真正各科成绩都好的学生，大概率会直接去公立的普高，但数学好，语文、英语偏科的孩子是很值得私立高中去培养的，我也期待着私立高中能够主动接纳、培养这样的学生。

尤其对于家庭条件不好的孩子，没钱去读历史悠久的私立高中，普高线也差一些，就可以通过这种毛遂自荐的方法，入读新办的正规私立高中。不过，这种做法的前提是家长要了解孩子的优缺点，懂得扬长避短。

策略二：文科毛遂自荐法

毛遂自荐法的前提是家长要了解孩子，不仅了解孩子的成绩，还包括当下的教育政策、孩子自身的条件。比如女孩身高175厘米，形象气质也很好，可是各科成绩都比较差，语文80多分，数学考六七十分，英语考五六十分，那么可以毛遂自荐到新办的私立高中。

家长可以向校方提出，让孩子进入学校后，改选小语种，然后选择文科，因为孩子自身外貌条件比较好，口齿伶俐、落落大方，就可以通过考表演专业、空乘专业、播音主持就读本科。表演专业身高要求172厘米以上，文化成绩达到300分以上就可以读一本。家长可以以此为条件，说服校方适当减免学费。真正懂得长期规划的校方肯定会认真考虑。

家长要懂得谈条件，用孩子的成绩、外形、口齿等条件，去等价交换。个子高的考模特，个子中等的考播音，个子低的走艺考路线。如果我是私立高中的校长，我会非常愿意招有特色的人才。这些毕业的学生就成了这所新兴私立高中的招牌，甚至形成吸纳特色人才减免学费的办学特色，这是双赢的战略型办学方式。

如何选择私立高中才能避坑

大家都知道，2020 年是中考的分界点，也就是我们俗称的"五五分流"。2020 年以前，大部分孩子能读到普通高中，但 2020 年后，中考成绩不理想、达不到普高分数线的学生，要么去中专、职高、技校，要么就在普通高中借读，或者干脆选择私立高中。

那么，在众多私立高中里，我们该如何筛选，才能保证孩子的学习不被耽误呢？这个问题我还是要以 2020 年为分界线来加以剖析。

改善型读书：2020 年以前的私立高中

我首先推荐的是"五五分流"之前就开办的私立高中。因为这几年开办的很多新学校缺乏经验，办学水平往往参差不齐，学校里面的老师大都很年轻，无法验证他们的水平是否优秀。

老牌的私立高中一般有着悠久的办学历史和独到的办学理念。在 2020 年之前，有一部分家长为了让孩子获得更好的教学资源，宁愿多花钱到一些老牌的私立名校，这些学校通常可以为学生提供更个性化、精英化的教育。

教育是讲究底蕴的，清华大学、北京大学从硬件设施上来说可能不如新办院校，但能否认它们百年的人文底蕴吗？就好比很多喜欢艺术的人，向往去梵蒂冈、罗马感受文艺复兴的发展与传承。因此，对于那些能够过普高线，但又担心在公立普通高中排末尾的学生而言，老牌私立高中无疑是一个值得考虑的选择。我将这一类人称为改善型读书，如果孩子属于这一种类型，我建议可以去学校官网查询开办年份，也可以结合该校在当地的口碑，选择最适合孩子的私立高中。

刚需型读书：2020 年以后的私立高中

2020 年以后成立的私立高中，办学质量虽然参差不齐，但如我前文所说，对于家庭条件一般甚至比较差的孩子来说，如果数学成绩好，或者自身有特长，也可以通过我前面说的"毛遂自荐法"去碰碰运气。但前提是必须擦亮眼睛选择好的学校，如果数学成绩不好，自身又没有什么特长的，那就不要去这样的学校了，不如读中专、职高，一样可以有机会读大专乃至本科。

门槛低的私立高中不能读

家长们需要当心的是 2020 年以后涌现出的新型私立高中，在这些学校中有正规学校，但也有不少是缺乏相关资质和办学资格的机构，它们往往以营利为目的，打着"保本科"的旗号，实际上是培训机构或技校。这些学校往往门槛比较低，甚至接受以社会身份注册的学生参加高考，这与正规的普通高中和老牌私立高中存在明显差异。

不正规的新型私立高中的学生往往无法注册高中学籍，所以，学生即使参加了高考，也无法享受与高中生同等的待遇。比如，他们无法参与定向师范、乡村医生、军校、警校等特定领域的选拔。更严重的是，这些学校的教学质量往往参差不齐，学生可能无法获得良好的学术和职业发展机会。

因此，在选择私立高中时，我们要尽量选择那些历史悠久、办学资质齐全、教学质量有保障的学校，从而确保孩子能接受到优质的教育。

私立高中不为人知的"规则"

私立高中本质上是一个企业，企业追求的是盈利。无论你是否送孩子进入私立高中，都要在心里认清这一点。

私立高中存在着不少鲜为人知的操作，主要的一点就是"优质生源"的手段，这些"高精尖"学生在入学后，自然而然会得到学校的重点培养。他们可以享受特殊待遇——优质的师资、丰富的资源，甚至包括生活上的各种照顾。这也就意味着，如果孩子成绩不理想，老师就不会给予太多关注，所以我不建议成绩特别差，尤其是理科不好的孩子进入私立高中。

总之，无论是私立高中还是职高、中专，都有各自的优势和劣势。私立高中固然在学术氛围和教学质量上更胜一筹，但费用较高；而职高、中专则更注重技能培养，适合那些希望早日步入社会的孩子。

需要强调的是，无论选择哪种类型的学校，孩子的自我管理和努力都是至关重要的。如果过于关注学校的校风或他人的影响，反而容易受到来自外部的负面影响。我们不能凭分数来评判一个孩子的品德，也不能仅凭学校的声誉来预测其校风。在教育孩子的过程中，家长应保持平和的心态，避免病急乱投医。

填报高考志愿的
破局之路

填报志愿的底层思路

"孩子刚过本科线，我想让他当警察。"

"孩子这次本科是考不上了，但他特别想做牙医。"

"刚刚压过本科线，是不是就能报金融专业啊？"

如果你们也有类似不切实际的想法，接下来我就帮大家好好分析分析。我先来帮助大家搭建关于高考升学规划的大框架。

框架一：文科志愿填报思路

文科专业第一档次：法学、哲学、汉语言文学、心理学、新闻、金融相关专业、财务会计、师范类。

这些是文科里的"高配专业"，对分数要求很高。比如本科投档线是 460 分，但要读法学专业，就必须考到 490～500 分，并不是说刚刚过本科线就能够读法学专业。其他第一档次专业也是这样，要超过本科线至少 30 分才行。所以，家长们不要好高骛远，一上来就说"我的孩子要当医生""我想要孩子去学法学"。

接下来，我们分两种情况，进一步解读下不同分数的填报方法。

第一种：如果成绩刚刚达到本科投档线，又是在高考难度系数第二等的省份，比如四川、湖北，想读高配专业只有一个选择，就是服从调剂，到黑龙江、吉林、辽宁、青海、新疆，也就是东北或西北去读民办二本。

第二种：如果成绩超过本省本科线三四十分，可以有两个选择。第一个，可以到远一点的外省区，比如东北、西北去读公办二本，上文提到的那些高配专业都可以读。第二个，如果不愿意跑那么远的话，可以在本省填报民办二本的这些专业。如果觉得民办二本学费贵，又不执着于高配专业，可以选择本省公办二本，选择电子商务、工商管理、企业管理、学前教育、护理、特殊教育、行政管理、文秘等这些大的专业。

此外，家长还要考虑到文科一般比理科的投档线高 30 分。

框架二：理科志愿填报思路

理工科的专业中，比如口腔医学、临床医学、麻醉医学、计算机科学与应用、审计学、统计学，这六个算是非常好的专业了。尤其是医学类专业，想要读临床医学，高考得考到 580 分以上，口腔医学得 550 分，麻醉医学也要 520 分以上。倘若分数徘徊在 400～420 分，就不要想着读这些高配专业了。

如果孩子成绩确实不错，考到了 550 分左右，那选择口腔医学和麻醉医学肯定是可以的，但还得继续考研和考博，否则大概率只能进私立医院当医生。

审计学和统计学的就业前景也不错，可以去审计部门和统计部门当公务员。这两个专业尤其适合女孩子报考。

此外，我还很推荐建筑设计、土木工程、测量学等，国企、央企招这些专业的学生比较多。

框架三：轻学校、重专业

家长和孩子都要搞清楚一点，我们选专业一定要跟高考分数相契合，不要太在意面子。比如我遇到过一个家长，她就很开明，孩子成绩超过本科线20多分，没有达到心仪高校的录取线，但完全可以调剂到次一等的一本院校，只不过那所学校没有适合孩子的专业，她就与孩子商量，放弃一本调剂，选择二本学校，因为孩子喜欢里面的专业。后来，孩子又在本科二年级时，选修了第二专业，毕业时拿到了两个学位，并最终考上了当初心仪大学的研究生。

公办二本听起来确实比民办二本好，但在一些公办二本院校，可能不容易找到你心仪的专业，这时，民办二本或许正好设置了该专业，那不妨把重心落在专业上，这就是一个定位的问题。

填报志愿的难易程度与所在地区挂钩，不同省市定位也不同。第一梯队是浙江、江苏、上海、河南、河北、湖北。第二梯队是福建、海南、广西、贵州、云南。第三梯队是东三省、内蒙古、青海、西藏、新疆、甘肃、宁夏等。

高考各分数段的升学规划

450～500分：保底二本，确保就业

这个区间的成绩可以选择就读公办或民办二本，普通家庭的孩子可以优先选择高潜力的专业。

首先，我推荐口腔医学与麻醉医学专业。尽管外界可能存在一些误解，认为二本学生不适合这两个高门槛专业，但在我看来，二者作为高度专业化的领域，不仅就业前景广阔，而且随着经验的积累，个人完全可以通过考研、读博进一步提升自我，最终成为优秀的口腔医生或麻醉医生。

其次，可以选择与国企、央企关系紧密的专业，比如土木工程技术、石油钻探技术及石油储运与工程测量技术等。对于女生而言，即便是在民办二本就读，护理专业也可以让她们有机会进入三甲医院工作。

最后，在数字化时代，大数据审计是一个新兴且极具潜力的专业，它融合了信息技术与审计知识，为毕业生提供了广阔的就业空间。更重要的是，该专业毕业生往往能顺利进入体制内工作，对于追求稳定职业发展的女生而言，无疑是一个值得考虑的选择。

380～450分：冲刺本科，稳中求进

我推荐"3+2"专本联合办学模式，这一模式融合了高职高专的职业技能教育与本科的理论深度，可以为学生提供更为宽广的发展空间。在选择时，需要关注合作高校的教学质量、专业设置和就业率。

英语基础好但数学稍弱的学生，可以报考公办二本高校内的英语专业，这样有助于发挥优势、弥补劣势。同时，尽可能多地了解学校的专升本政策、考试难度以及通过率，制订科学合理的备考计划，为孩子未来的学历提升打好基础。

350～380分：紧抓行业优势，拓宽就业渠道

成绩落在这个区间想复读的话，我建议慎重考虑。因为这个分数段的学生，往往在英语和数学等科目上存在较大短板，而复读一年，不仅要面对六门学科的全面复习，还得承受巨大的心理压力和时间成本。相比之下，直接进入公办高职高专学习，会是一个更实际且高效的选择。

在选择学校时，建议优先考虑省会城市的公办高职高专，这一分数段的孩子完全有能力在省会城市接受高质量的职业教育。省会城市不仅教育资源丰富，而且就业机会多，有利于孩子未来的职业发展。

专业选择方面，对于男生而言，适合选择电力、畜牧兽医、口腔医学技术、航海驾驶、轮机工程技术、远洋捕捞、建筑工程技术、地铁隧道桥梁施工等专业，它们不仅实用性强，而且市场需求旺盛，毕业后往往能获得高薪职位。

女生则可以选择市政工程、消防工程、排水工程、工程造价、护理、动物医学、医学美容技术等专业，它们不仅符合女性特质，而且就业率高，特别是护理专业，就业前景十分乐观。

此外，许多高职高专院校都与企业建立了紧密的合作关系，开展订单式

培养。家长和学生可重点关注这些学校的校企合作项目，了解合作企业的实力、岗位需求及薪资待遇，帮助孩子提前锁定就业岗位。

300～350分：稳妥为主，兼顾兴趣

考虑到竞争压力，建议这一分数段的学生优先选择当地的职业技术学院，并勾选"专业服从调剂"。同时，鼓励学生根据自己的兴趣和特长选择专业。

此外，别忘了了解学校的奖学金和助学金政策，通过争取获得各类奖助学金，减轻家庭经济负担。

250～300分：民办院校，特色专业

虽然公办院校竞争激烈，但民办高职高专院校同样不乏优质教育资源。在选择时，可以多关注学校的办学实力、师资力量及专业特色，确保能获得良好的学习环境和发展机会。

诸如智能焊接、新能源汽修等专业，都是目前具有较高的需求量和良好就业前景的专业，家长和学生可以根据自身兴趣和市场需求进行选择。

180～250分：跨省探索，寻找机遇

我们要正视一个现实，那就是这个分数段的孩子很难进入任何一所公办大专，即便是条件相对较差的本地公办大专，也基本无望。这时候，我们就必须瞄准民办大专，确保孩子能有个全日制大学生的身份，让户口本上的"大学"二字成为孩子未来的起点。

选择学校时，可以优先考虑本省偏远地市的民办高职高专，比如湖南的郴州、怀化，河南的驻马店、信阳，湖北的宜昌、恩施等地，作为第一志愿填报较为稳妥。至于专业就不要太挑剔了，选择服从调剂，只要孩子能入学即可。

高考分数压本科线的报考策略

当高考成绩恰好悬于本科线边缘，我相信无论是家长还是孩子，心里都是既忐忑又期待的。这时候，稍有不慎，孩子可能就会错失读本科的机会。那么，到底该怎么填报志愿呢？这里，我为大家设计了五种策略。

策略一：跨省报考，历练成长

如果孩子成绩刚好压本科线 20 ～ 30 分，而且身处长三角、珠三角等经济发达地区，那么，跨省报考可以避开本省激烈的竞争环境，家长们不妨把目光投向北方地区，比如黑龙江、内蒙古、吉林、甘肃、宁夏、青海等地的学校，尤其是那些拥有优质教育资源，但由于地理位置等因素而竞争相对较小的学校。可以选择这些地区学费相对较高的二本专业（通常为特色或国际交流项目），并明确表示服从调剂，就能有效提升录取概率。这不仅是一次地理位置的跨越，也是对孩子独立性和适应能力的锻炼，让他们能够在更广阔的天地中追逐梦想。

策略二：本省中外合作办学

有些家长并不希望孩子离开家乡，但他们又想让孩子能够享受到国际化的教育资源，那么，中外合作办学项目就是一个理想选择。这类项目不仅让孩子有机会接触到国外先进的教育理念和课程体系，还能在熟悉的环境中享受到省会城市的丰富资源。当然，这样的项目通常学费高昂，但考虑到其带来的国际化视野和就业竞争力，不得不说是值得投资的教育选择。如果孩子的家庭经济条件比较好，那我还是很推荐选择这条路径的。

策略三：专本贯通，以时间换空间

如果成绩仅低于本科线 10 分左右，不必急于放弃本科梦想，可以重点关注那些开展"专本联合办学"（"3+2"模式）的高职高专院校，尤其对于经济条件相对紧张的家庭来说，这是一条经济实惠又切实可行的道路。这类院校允许学生在专科阶段学习三年后，无缝对接至合作的民办二本继续深造两年，最终获得全日制统招本科文凭。这不仅节省了时间成本，还保证了学历的含金量。不过，请记得通过电话咨询等方式，详细了解各院校的招生政策及对接专业，确保选择一条最适合孩子的路径。

策略四：优选公办大专，聚焦实战技能

如果孩子无法以压分数线的成绩就读心仪的专业，也不用就此灰心，选择一所优质的公办大专，同样能够开启精彩的人生篇章。特别是在省会城市，这些大专往往与行业联系紧密，专业设置会紧扣市场需求。比如铁路、城市建设、电力、水利水电等领域的专业，不仅就业前景广阔，而且能为孩子提供丰富的实践机会和职业发展平台，使他们在未来的就业市场中能够有足够的竞争力。

策略五：发挥英语优势，专升本轻松过渡

　　对于数学成绩弱但英语好的文科女生来说，如果高考英语成绩能够达到100分以上，那么，我建议优先考虑本科院校内的专科英语专业，如商务英语、英语教育、旅游英语、应用英语等。孩子可以充分利用学校资源，夯实英语专业基础，并提前为专升本考试做准备。由于英语成绩本就出色，加之对本科院校的教学环境、师资力量及考试模式较为熟悉，孩子专升本的成功率将大大提高。此外，选择本校专升本还有一定的政策优惠和教学资源倾斜，助力孩子顺利实现学历升级。

高考低于 350 分，走高职单招

在高考这座独木桥上，竞争之激烈往往让许多孩子感到力不从心，尤其是那些文化课成绩不够理想的学生，更是面临着巨大的挑战。此时，高职单招考试就为他们提供了一个符合自身特点，也更切实可行的升学路径。

高职单招的优势

与全国性的高考相比，高职单招有其独特性和优势。

首先，从考试形式上来看，高职单招考试采取了单独出题、单独组织考试、单独录取的方式。这种方式不仅避免了与全国高考的直接竞争，还使得考试内容更贴近学生的实际情况和专业需求。单招考试通常在每年的 3 月（部分省份如广东省，可能提前至 1 月份）举行，学生可以有较为充足的时间进行准备。

其次，从考试内容上来看，高职单招考试主要考查语文、数学、英语三门文化课，以及一门专业技能课。与高考的六门科目相比，单招考试的科目设置更加精简，难度也相对较低。特别是文化课部分，题目设置较为基础，主要考查学生的基本知识和能力水平。这样的考试内容设置，无疑为那些文化课成绩不够理想的学生减轻了学习压力，提高了他们的通过率。

最后，从学历含金量上来看，通过高职单招考试获得的学历与通过高考考入大专获得的学历是完全相同的，用人单位一般不会对单招考试的学历产生偏见或歧视。因此，家长们可以放心地让孩子参加单招考试，不用担心学历的认可度问题。

高职单招为何成为优选之路

1. 考试难度相对较低

与竞争激烈的高考相比，高职单招考试的难度相对较低，这主要体现在考试科目少、题目偏基础性、竞争压力小等方面。通过有针对性的复习和准备，学生更容易在单招考试中取得不错的成绩。这样不仅能够减轻他们的学习压力和心理负担，还能够提高他们的自信心和积极性。

2. 专业选择更加灵活

在高职单招考试中，学生可以优先根据自己的兴趣和职业规划选择专业，再据此选择学校和城市。这种先专业后学校的报考方式，让学生能够更加精准地定位自己的发展方向，避免出现像高考填报志愿时，因为分数限制而被迫放弃理想专业的尴尬局面。同时，由于单招考试的专业设置更贴近市场需求和产业发展趋势，因此，学生所选择的专业往往具有较高的就业前景和发展潜力。

3. 降低风险，增加录取机会

对于成绩不够理想的学生来说，他们可能会因为高考分数不足而无法选择心仪的专业和学校，而高职单招考试则可以提前为他们锁定部分录取名额，从而降低了志愿填报时的掉档和滑档风险。即使孩子在单招考试中未能如愿，也不影响他们参加夏季高考。换言之，单招考试既增加了孩子的录取机会，又为他们提供了更多的选择空间。

4. 经济负担相对较小

与民办学校或复读一年相比，公办大专的学费相对较低，一年仅需

3000～5000元不等，这对于大多数家庭来说都是可以承受的。因此，从经济角度来看，高职单招考试也是一个值得考虑的选择，能够让孩子以较低的成本获得高等教育的机会。

特长生的另一条出路

对于那些在体育、音乐、绘画等特长领域有天赋，但文化课成绩不佳的孩子来说，高职单招考试就是另辟蹊径的选择。如果文化课成绩只有二三百分，寄望在短时间内把分数提升至500分，显然是不切实际的。此时，家长和孩子就应该及时调整策略，把目光投向符合孩子特长的单招考试上。

在高职单招考试中，许多院校都设有专门的特长生招生计划，这些计划会更加关注学生的特长才能和综合素质。因此，对于那些在特长领域有突出表现的学生来说，他们完全有可能通过单招考试进入理想的院校和专业。这样一来，他们不仅能够继续发挥自己的特长优势，还能够获得与同龄人同等的高等教育机会和学历。

单招生的专业调整

通过单招进入公办大专的学生如果对所学专业不满意，但又很难调整到其他专业，那么，我建议考虑入伍这条路。入伍并退役两年后，学生可以享受到两大优势：一是可以跨学科换专业，这就意味着有机会选择更符合自己兴趣、就业前景更好的专业，比如建筑工程技术、电梯工程技术、畜牧兽医、中医针灸等；二是可以免试专升本的部分科目，尤其是英语，从而大大增加升入民办二本乃至公办二本的机会。

变革中的单招考试

单招考试这条特殊的招生途径在逐步发生变化。比如，湖北省在 2023 年对单招考试做出了调整，不再面向普高和私立高中学生，这就是个值得关注的动向。

从现有的趋势来看，单招考试正在逐渐走向统一命题和管理的方向。河北省、广东省、四川省等地已经由考试院统一命题，这意味着无论是普高、职高、私立高中还是技校的学生，都将面对同一套试题，这样的改变有助于保证考试的公平、公正。此外，单招考试的录取权限也正在逐渐收归省教育厅管理，不再由学校自行决定。这一变化也反映了教育部门对于规范单招考试管理的重视。

这些政策调整举措，对于读中专、职高、技校的学生来说，无疑是一个好消息，他们将有更多的机会通过单招考试选择自己心仪的大学或专业。

总的来说，单招考试的变革是一个积极的信号，它有助于推动教育公平和公正，让那些真正有能力、有潜力的学生得到更好的机会和发展。

高考"踩线",什么情况下,
孩子应该读民办二本

如果您的孩子正处于高考这一重要转折点,不知在民办二本和公办大专中如何选择,请认真看完我的分析,或许能有所启发。

学历层次的本质差异

民办二本尽管在各类高校中并不耀眼,但它依然稳稳地站在本科的行列之中。这意味着,它有着本科层次教育所有的优势与资源。哪怕孩子的成绩只是刚压本科线,也是对他知识与能力的一种认可,是多年汗水与努力的结晶。相比之下,公办大专虽然有其独特之处,但在学历层次上,与本科仍有着不可忽视的差距。在企业招聘时,本科学历仍是众多岗位的入场券。

未来发展的无限可能

本科教育不仅意味着知识的积累,更是能力与视野的拓展。民办二本的学生在完成学业后,同样享有考研、考公、考国企、考央企等多元化的发展路径。这些机会对于专科生而言,或许需要付出更多的努力与时间成本去争取。

经济压力与解决之道

当然，民办二本的学费不菲，一年动辄数万，对于许多家庭而言是一笔不小的开销。但请相信，教育投资是世上最值得的投资之一。孩子的未来，值得全家共同寻找解决之道。无论是父母与孩子一同打工，还是申请助学贷款、勤工俭学，都是可以尝试的方法。小钱好赚，遗憾难补。我们最不愿看到的是孩子因为没能接受更好的教育而抱憾终生。

格局与选择

在这个竞争激烈的时代，学历固然不是万能的，但作为普通家庭，没有显赫的家世，没有丰富的人脉资源，就更应该珍惜每一次提升自我、改变命运的机会。选择民办二本或许意味着更大的挑战与付出，但它同样蕴含着更广阔的未来与无限可能。

我要强调的是，一旦踏入民办二本的校门，就不要轻易选择复读，或者放弃本科去读专科。在任何情况下，本科学历都是一块重要的敲门砖。国企、事业单位、公务员考试……它们对学历的最低要求往往是全日制本科。因此，要鼓励孩子珍惜这个机会，努力提升自己的综合素质和专业技能。

所以，各位家长，请打开格局，勇敢地为孩子选择这条看似艰难却充满希望的道路吧！相信十年后的今天，孩子会感激父母当初做出的这个决定。因为，本科赋予孩子的，不仅仅是一纸文凭，更是通往更高梦想的阶梯。

最后，我想用一句话来勉励所有民办二本的学生："你们正处于人生的十字路口。一半是挑战，一半是机遇；一半是压力，一半是动力。"高考失利并不可怕，因为你们拥有的是改变命运的无限可能。只要你们肯努力、肯拼搏，那么，人生的星光大道定会向你们铺开。

什么样的情况可以复读

无论孩子现在就读于民办二本，还是公办大专，抑或是民办大专，只要军训已经结束，学费也交了，就请别在这个节骨眼上萌生回高中复读的念头了。

不建议复读的原因一：务实考虑

在被民办二本院校录取的你看来，自己应该为了追求更好的学校而复读，可我不得不提醒你认清一个现实，那就是复读一年可能会浪费你宝贵的时间和精力。或许在你看来，民办院校的学费不菲，一年动辄两三万元，让你感到家里经济负担不小。但是，如果你此刻退学，重新踏入高中校门，那将意味着你需要再次承担学习资料、补课费等一系列开销，这无疑会给家庭带来更大的经济压力。说实在的，即使考上了公办二本或一本，也并不能保证未来的就业前景会因此变得更好。对于大多数人来说，选择一个适合自己的专业和学校，尽快开始职业生涯，可能是一个更为务实的选择。

不建议复读的原因二：分数差距过大

如果你的各科总分加起来只有二三百分，这就说明你的成绩离本科有着不小的差距，学习上可能存在较大的问题，复读一年也未必能够取得显著进步。你现在一旦选择复读，回去之后重新拾起六门学科，请问：政治你还了解多少？英语单词还记得几个？数学卷子还会做多少题？你只知道给自己增加难度，怎么就不考虑一下自己的能力定位呢？在这复读的时间里，你能否保证自己的复习效果？更何况，现在高考分数线正在逐年攀升，你有这个信心确保明年的高考成绩能超越今年吗？这些都是未知数，有着不小的风险。

成绩在 300～450 分的学生，我也建议你慎重考虑复读。因为这个分数段的学生，往往在某科目上存在较大短板，而复读一年，不仅要面对六门学科的全面复习，还得承受巨大的心理压力和时间成本。相比之下，直接进入公办高职高专学习，会是一个更实际且高效的选择。

不建议复读的原因三：心理压力过大

我见过很多学生在复读期间由于巨大的心理压力而产生抑郁情绪，高考失利带来的挫败感、家人的殷切期待、对下次高考的恐惧……全部压在孩子的心头，他们会经历非常繁重的一年，结果却不一定比上一年考得好。

不建议复读的原因四：不复读也能有转圜余地

如果你对目前的专业不太满意，与室友的关系处理得不够融洽，这些都只是暂时的。大学是一个小社会，它教会我们如何与人相处、如何面对挫折和困难。如果你现在因为一点小挫折就选择放弃和逃避，那么，将来踏入社会后，你又该如何应对更加复杂多变的环境呢？

请不要忽视大学为你提供的广阔空间，你可以通过辅修双学位、自学其他专业知识等方式来拓宽视野和提升能力。此外，你还可以选择专升本、专套本、考研……这些都是你在大学期间可以努力追求的目标。而一旦你选择了退学复读这条路，将不得不重新面对六门学科的巨大压力，你是否有足够的信心和毅力再次面对这一切？

可以复读的情况

什么情况下可以复读呢？如果考生在考试过程中出现了重大失误，比如写错准考证号码、遗漏了某张卷子未作答，由于身体原因导致高考失利等，那么，这种情况下的复读是合情合理的选择。因为这是失误导致的掉档，不是考生本身基础太差，而复读则有机会弥补这些遗憾。

如果你只是抱着侥幸心理，觉得自己努力一年，一定比上一年考得好，那我建议你还是慎重选择。

关于转学、借读、高考"移民"等，有哪些重要信息

高考"移民"需谨慎

我们已经知道，不同省份高考投档线存在差异，于是，有些家长就开始动脑筋了：有没有可能让孩子去投档线低的省份参加高考呢？

我想提醒各位家长，国家对于高考"移民"这种投机做法是严厉打击的，不要抱有任何侥幸心理。在江苏读到高二了，发现孩子成绩不好，就想着把孩子转到黑龙江去读高三，门儿都没有！想转移不是不可以，但孩子得从黑龙江的高一开始读起，读满三年才能参加那边的高考。

我在接受咨询时，还遇到过什么情况呢？就是户籍在云南、广东的孩子，父母在北京、深圳打工，孩子学习成绩非常好，可是因为父母没有能力在北京、深圳买房子，也解决不了孩子在大城市的户口问题，于是尽管孩子高考考到 500 多分，因为学籍、户籍不一致，最后只能读专科学校。

所以，我想给家长们提个醒，孩子成绩好的，就尽可能把户口迁过来。如果没这个经济实力，就提前买满三年社保，把孩子的学籍转过来。对于实在没办法的家庭，我不建议把孩子转到发达省份或者一线城市来读书，因为你不仅没有能力支撑全家的生活，还会让孩子错失读本科的机会。

留不住的城市，回不去的故乡

很多在北京的家庭，知道没有北京户口就读不了本科，原籍的高考投档线又低，就选择在孩子读到小学五年级或者初中一年级时，把孩子转回原籍读书，结果发现孩子跟不上了。因为相对于北京重视素质教育，中高考难度系数高的省份更重视考试成绩。

我经常对家长们说，要有自知之明，想让孩子去读国际学校、去留学，没有数百万元就不要考虑了。这笔钱不能用于任何投资，只能给孩子准备着。为什么？因为进入国际学校之后，以后走的赛道就是国际路线，即使再想转到国内的九年制义务教育路线，也跟不上了。

我见过很多这样的案例，一些家长赚到第一桶金的时候，觉得国际学校高端上档次，结果读到一半，家里没钱了，也出不了国，只能想办法把孩子转回国内教育体系，结果孩子高不成低不就，生生被耽误了。

我们知道，北京的户口是全国最难落的，无论是通过积分落户，还是人才引进或者工作调动。如果家长没有能力落户的话，那么我建议孩子从小学一年级起，就不要来北京读书。因为在北京是以素质教育为根本，科目跟其他的省份不一样，教材不一样，考试也不一样。所以，奉劝各位家长，尽量早点规划孩子未来的学业。

学籍和户籍必须保持一致

举例来说，我是云南人，但我想在贵州读高一，按照规定，必须在读高一之前就把户口迁到贵州。

再比方说，你是江西人或者安徽人，刚刚参加完中考，只考了300多分，你又想要读本科。可是，这个成绩在江西是很难考上本科的。你可能决定马上到黑龙江鹤岗，或者到齐齐哈尔、佳木斯买套房子去。之后，你就把户口迁过去，注册好学籍，学籍和户籍就一致了，后续就可以参加黑龙江的高考。

可是，有很多人舍不得浙江、上海、北京这些发达省市的户口，觉得比二、三线城市值钱得多，就没有转户口，只把学籍转走。结果，高考倒是考了500多分，可惜只能读专科，因为学籍和户籍不一致！

你想要经济发达地区的户口，又想到黑龙江那边去读大学，哪来这么好的事情？学籍和户籍必须保持一致，家长们一定要对国家政策做到心中有数。

关于转学，你必须知道的注意事项

小学和初中阶段转学：需要由监护人提出转学申请，并准备相关证明材料，如身份证、户口本、住址变动或工作变动等。转学申请一般按照就近原则，到对应的公办义务教育学校提出。私立学校转入公立学校，或者公立学校转入私立学校，不同城市的政策也不尽相同，但通常都需要满足一定前提条件，比如转学理由充分、原就读学校不再适合等。

高中阶段转学：普通高中学生转学也要遵循居住地就近原则，前往与原就读学校同类同级的高中学校提出申请。转学理由通常包括户籍及家庭住址迁移、父母工作调动等。如果孩子因为身体等特殊原因，确实需要转学，那么，他的中考成绩必须达到转入学校当年的录取分数线。

如果学生想从普通高中转入中等职业学校学习，除了需要符合有关转学条件外，还要经过双方学校及主管教育行政部门确认。

转学手续一般在学期结束前或新学期开学后一个月内办理，第一学年的上学期以及毕业年级的下学期一般不办理转学手续。

在决定是否转学之前，除了了解目标学校的转学政策外，更重要的是要与学生本人充分沟通，让他们对此决定有清晰的认识。同时，转学往往伴随着一定的经济成本，这也是需要家长和学生提前考虑的因素。

什么情况下适合转学

在我看来，只有两种情况适合转学：一是追求更好的学习氛围，二是为了满足特定的专业需求。

首先，如果孩子所在的学校氛围不好，但孩子本人热爱学习，有比较大的学习潜力，尤其在某些科目上表现突出，比如数学和物理能取得高分，而英语和语文成绩相对较弱，这类学生可以转到校风更好的学校借读，如重点高中或普通高中的重点班，他们就能够在更优秀的教学环境中得到更好的发展，可以接触到更优秀的师资力量、更丰富的学术资源，当然也包括更激烈的学业竞争，从而激发自己的学习潜力，实现更高的学习目标。

其次，有些学生的转学则是出于专业需求。有的孩子对某些领域具有浓厚的兴趣，也有一定的天赋，比如擅长美术、音乐、体育等，但所在的学校可能无法满足这些专业需求。另外，学生也可能对某些课程有特别的需求，如日语课程或表演专业等，当所在学校无法提供这样的课程或专业学习时，学生也可以选择转学，以满足自己的专业需求。这样的转学不仅可以让学生得到更专业的指导和培养，还可以为他们未来的职业发展打下坚实的基础。

关于借读的注意事项

有时，出于某些特殊原因，学生可能会选择借读。借读通常发生在从较低层次学校（如中专）到较高层次学校（如高中）的流动中。但需要注意的是，借读并不意味着学籍的转移，学生仍然需要保留原始学籍，并在需要时返回原学校参加考试。

借读的情况可以分为两类，一类是学生在原学校有学籍，但选择在其他学校就读。在这种情况下，学生可以在借读期间继续参加各类考试，但需要在考试前返回原学校报名和准备。另一类是没有高中学籍的纯借读生，他们只能以社会考生的身份参加高考。

然而，需要特别注意的是，无论是中专职高的学生还是社会考生，在报考某些特定专业或学校时，可能会受到一些限制。例如，提前批次的定向专业、乡村医生、乡村教师、军校警校等，通常不接受没有正式学籍的学生报考。因此，在选择借读或转学之前，学生和家长需要充分了解相关的报考政策，确保自己的选择不会影响到未来的升学计划。

　　总之，无论是出于各种原因转学或是借读，家长与孩子都要慎重考虑，充分了解所在地的政策和目标学校的情况。

为什么高中转学要慎之又慎

现在有一种论调：如果孩子在普通高中里成绩实在不好，干脆就转到职高和中专去。很多家长来问我，到底要不要给孩子办转学。

我的观点是这样的：不是一定不能转学，但在转学之前，家长们首先要搞清楚自己孩子是哪类高中生。

中国的高中生有两大类，一类是真性高中生，一类是假性高中生。

真性高中生：中考成绩过普通高中投档线，孩子在普通高中读书，有普高学籍，相当于在教育局备了案。普高学籍跟中专学籍、职高学籍都是一样的，统称为中等学历。那么，按道理来说，是可以把孩子从普高转到中专和职高去的。

假性高中生：中考成绩没有过普通高中投档线，没有普高学籍，要么进私立高中读书，要么在普通高中借读。其中，私立高中也分有学籍和没学籍，有学籍的孩子是过了普高线的，只要过了普高线，那就是在教育局备案了，但有的家长非要花钱读私立高中；没学籍的自然就是没有过普高线。我这里主要是针对私立高中里没有学籍的孩子，只要没有过普高线，那么，等到高三的时候，孩子就只能作为社会考生参加高考。

因此，如果孩子是在普通高中读书，眼瞅着文化课成绩考大学很悬，那可以想办法转到中专或职高去。普通高中的借读生和私立高中的无学籍学生，我就不是很建议转学了，因为一旦转学，别的学校只会按照初中往届生的身份来对待，那就不能参加高考了，即使让参加，也只能读非正规的学校，孩子的前途就废了。高中辍学也是一样的情况，也是只被当作初中生对待，将来读不了正规大学。

套路满满的转学骗局

我曾经及时阻止了一个家长的转学打算，我记得是年底了，他很着急，说孩子成绩不好，有人给他介绍了某学校招生办的老师，那个老师许诺说可以帮忙搞定转学，让他带着孩子年后过去，他吃不准要不要去，就来问我。我当即就表示坚决不能去，因为我问他具体是几月份去，他说是年后的3月，我说这就是非常关键的时间节点。为什么要隔年的3月份？新学期开学不都是9月1日吗？3月份开学，读的是什么班？我称之为初中非正规学校分流考试，就是把一些成绩不好的学生直接分流到中专、职高去。

我一直强调，孩子要尽量参加中考，即使不参加中考也不要参加这种所谓的"春季招生考"，这种考试看似正规，其实并不是真正的中考，家长和学生一定要擦亮眼睛。还有些孩子高中读不下去，有些不正规的私立学校就忽悠家长，让孩子来他们那里读书，经过一些暗箱操作，其实相当于让孩子留了一级，本来是2023届高中生，直接降到2024届读中专或职高、技校里面的就业班去了。

无论有无学籍，都可以参加高职单招

为什么家长们会屡次上当受骗？因为他们害怕孩子没有高中学籍，就不能通过正规途径读书。其实，这种担心是多余的，你就让孩子待在私立高中，或者借读在普通高中里，没学籍也没关系，到了高三参加高职单招，一样可以考大专。

如果孩子中考过了普高线，后来发现读不下去了，语数外加起来也不到300分，对于这样的孩子，我建议尽快转学，因为再读下去，可能连专科都读不到。如果高二就转到公办的中专或者职高去，起码可以保一个公办的大专。但是不能拖，因为高职单招考试随时有可能取消。

把孩子转到中专、职高，不是为了混日子，而是为了能够在中专、职高里参加技能高考和高职单招。这类考试针对的都是中专生和职高生，难度会降低很多，相比于文化课，更注重技能实操。

民办大专，也值得我们全力以赴

如果孩子连公立大专都没有考上，那就去民办大专吧。

在这个竞争激烈的时代，每一份学历都如同孩子人生旅途中的一块基石，而民办大专正是这样一块不可或缺的基石。或许它的学费相对高昂，一年需万余元，但请相信，这不仅仅是一笔经济支出，更是为孩子未来生活准备的一张名片，一份能够证明他们接受过高等教育、拥有一定专业知识的证书。

民办大专的价值

试想，当我们的孩子步入社会，面对求职的浪潮，如果只有中专或高中学历，他们的选择将会多么有限。然而，许多家长和学生可能都存在一个误区，那就是认为民办大专不正规，这就是对它最大的误解。

第一，民办大专虽然冠以"民办"之名，但它依然是国家承认的全日制统招学历。这意味着，你在这所学校里获得的学历是正规的、受国家认可的。在户口本上，你的学历一栏将不再是"中专"或"高中"，而是"大专"，这是一个实质性的提升。

第二，全日制学历的含金量不容忽视。它代表着你接受了系统性教育和培养，是在籍、在编的正规大学生。这种身份不仅让你在求职市场上更具竞争力，还能让你拥有更多可能性。比如，在落户政策上，许多大城市都对拥有专科学历的年轻人给予了优惠政策。

第三，学历也是人生重要阶段的加分项，比如恋爱、婚姻乃至未来孩子的教育。特别是在北京、上海这样的大城市，积分落户政策中，家长的学历是硬性条件之一。这不仅关乎个人发展，更影响着整个家庭的未来规划。

跨过民办大专这个门槛，你便拥有了一个全新的平台。虽然它可能不是顶尖的，但平台给予的机会却能让你通过自身努力飞得更高。要知道，即便是在清华、北大这样的名校，如果学生自己不努力，也未必能找到理想的工作；而一旦有了这个平台，至少能拥有更多的选择和机会。

不要轻视任何一次学习的机会

民办大专作为社会认可的全日制统招大专学历，它赋予了孩子们更多的可能性——无论是专升本深造，还是投身军营报效祖国，抑或是作为一名正式员工，这张学历证书都是不可或缺的资本。专科生虽然起点稍低，仍然有专升本、考"三支一扶"（基层支教、支农、支医和帮扶乡村振兴）、选调生等多种途径提升自己。

然而，如果连专科都不读，那么，这些提升自我的机会都将与你失之交臂。现如今，连送外卖这样的工作都可能对学历有所要求，更别提其他更好的职业机会了。

请记住，读书并不只是为了找一份好工作或追求稳定。更重要的是，它赋予了你一种经历、一份自信和一个平台。民办大专至少给了你一个正规的学习机会和成长的空间，在这里，你可以通过努力专升本、考公务员、进企事业单位等，实现自己的价值和梦想。

因此，不要轻视任何一次学习的机会，国家为你提供了这个平台，你就应该珍惜并充分利用它。只要你愿意努力，这个平台就能成为你未来深度和宽度的起点。

国家教育体系的良苦用心

我们国家的教育体系是极为公正的，不论你考的是高分还是低分，都为你铺设了通向未来的道路。即使成绩不理想，国家也为你预留了继续努力、自我提升的广阔平台。这种安排，正是为了确保每个孩子，无论起点如何，都能拥有更多的选择权，而不会被局限在单一的轨道上。尤其对于那些开窍稍晚的孩子来说，这样的机制尤为重要。我自己就接触过这样的孩子，在进入民办大专后，突然觉醒了，开始勤奋学习，最后也取得了令人瞩目的成就。

高考确实有它一定的局限性，这主要体现在六门核心科目上，一旦没有发挥好，孩子就会面临考不上本科的结果。然而，进入大专后，尤其是民办大专，专升本的道路则更为灵活多样。你可以根据所学专业，选择性地调整考试科目，比如理科弱的，就可以避开数学，专注于英语和专业课的学习。这样一来，对于那些不擅长数理化的学生而言，就减轻了不小的负担，他们能够更专注于自己的优势领域。

当然，我能理解家长们对于学费的担忧。但请相信，教育是一项长期的投资，它的回报往往不是立竿见影的。当我们看到孩子因为接受了高等教育而变得更加自信、更加优秀时，所有的付出都将变得值得。

冒险不适合学生

民办大专的门槛较低，一般来说，只要总分达到180分以上，就有机会进入这类学校学习。但我还想强调的是，读书不仅仅是为了获得一纸文凭，安全同样是一个不可忽视的重要因素。尤其是对于刚成年的高中生和中专生而言，大学校园无疑是一个更安全、更稳定的学习环境。有些孩子想拿父母给的钱去尝试创业，对此，我并不赞同。在你掌握足够的专业知识和能力之前，不要轻易尝试。父母给你的钱是用来支持你完成学业的，而不是让你去冒险的。记住，大学的意义在于学习，而不是玩乐或创业。

最后，我想说的是，未来的路还很长，但只要愿意付出努力，就一定能够走出属于自己的精彩人生。别让今天的懈怠成为明天后悔的源头。

连民办大专也没考上，怎么办

首先，请不要灰心丧气，接受并正视自己的现状，每个人的道路都是独一无二的，有时，挫折与失败正是通往成功的铺路石。可能你此刻感到被巨大的压力包围着，但是，在这份压力下，其实蕴藏着无限的潜力与可能。接下来，我会告诉你们之后的路该怎么走，需要注意避开哪些坑。

公办技师学院和全日制本科助学班

我要再强调一次，这两个都不是你们当前的最佳选择。技师学院更适合那些中考失利、分数偏低的学生，而你们应该追求更高层次的教育。至于全日制本科助学班，不仅学费高，而且看似低门槛的入学条件背后，隐藏着毕业难度大的现实。而且，那里的学习氛围也难以保证，最终可能只是浪费时间与金钱。

跨省民办预科班

这个班同样需要留意避开，它不仅费用高昂，还可能涉及复杂的转学手续和额外的学籍户口费。最终，即使花了很多钱，也可能只换来一张民办大专文凭，这样的投资回报率显然太低了。

应该如何选择未来的路

我的建议是，专注于备考高职单招考试。参加一个专业的高职单招培训班，从现在开始全力以赴，为来年的考试做好充分准备。成功从来都不是一蹴而就的，它需要时间的积累和不懈的努力。你们之所以没能考上民办大专，很大程度上还是因为不够努力。

如果能够在当年6月顺利拿到高中、职高或中专毕业证，那么，弹性学制或许是一个值得考虑的选择。通过入伍两年，以退役军人的身份申请弹性学制，你们将有机会进入公办高职高专深造。这不仅是一次改变命运的机会，更是一段磨砺意志、提升自我的难得经历。

总而言之，高职单招培训班是你们当前最应该把握的机会。它或许不如某些捷径来得轻松，但却是最稳妥、最可靠的途径。请牢记一点，每一份付出都不会白费，它将化作你们未来道路上的基石。

大学生弯道
超车指南

上大学前，你必须知道的六件事情

军训：不可或缺的学分积累

军训是每个新生必须参与的环节，无论你目前是心存抵触还是试图逃避，都需要明确一点：军训是大学学分体系中的重要组成部分，学分值通常在 6～14 分。这意味着，如果你的军训成绩不合格，那么很遗憾，你很可能无法顺利获得毕业证书和学位证书。因此，请务必以积极的态度面对军训，珍惜这段锻炼意志、培养团队精神的宝贵时光。

不要让挂科成为你的绊脚石

首先，挂科会严重影响就业竞争力，特别是在铁路、电力、建筑工程、护理等专业的校招中，企业更青睐学业优秀、无挂科记录的毕业生。其次，挂科关乎学位证的获取。本科生如果挂科次数超标，即便补考通过，也可能会影响学位证书的获得，这会给未来的求职之路增添重重阻碍。再者，无论是转专业，还是奖学金、保研、考研的申请，都需要以优异的成绩作为基础，挂科则可能成为迈向更高台阶的绊脚石。最后，对于专科生而言，挂科还会影响专升本的资格及未来规划，会让努力功亏一篑。

自考本科：增加就业砝码

对于专科生而言，如果英语成绩不够理想，或者对专升本缺乏信心，特别是当所学专业为护理、铁路铁道、水利、建筑、航海、特殊教育、学前教育等特定领域时，辅导员可能会推荐自考本科。请务必珍惜这一机会，不要吝啬那几千元的前期投入。步入大三实习阶段，大专文凭和自考本科文凭将使你在求职市场上更具竞争力，成为你顺利步入职场的重要砝码。

双学位：本科生的增值利器

对于本科生，尤其是民办二本的学生而言，如果对所学专业不满意，同时又无法更换，那么，可以选择修读双学位。举例来说，如果你现在学习的是市场营销、工商管理、企业管理或电子商务等专业，你可以考虑修读计算机、法学或土木工程等双学位课程。这样做的好处在于，你可以在第四年时拥有跨考双学位专业研究生的资格。此外，在修读双学位的过程中，你能够拓宽知识领域、提升综合素质。不过，请务必注意，避免盲目地去考一堆无用的证书，应该根据自己的专业所需，有的放矢地去考资格证书，这些证书将为你未来的职业生涯提供有力支持。

教师资格证：为未来多一份保障

在条件允许的情况下，建议所有本科生努力考取小学教师资格证。即使你所学专业并不是小学教育，考取这个证书也很有用。教师资格证的考取相对简单，而且实用性强，它也可以成为你职业道路上的一个备选方向。

师生关系：民办本科、专科生的关键资源

对于就读于民办本科专科的学生而言，建立良好的师生关系至关重要。与班主任、辅导员以及专业课老师保持良好的沟通关系，可以带来诸多益处。比如，你可以在他们的帮助下，了解并争取到入伍免试本科的机会；在专升本的过程中，可以得到专业课老师的指导和支持；此外，还能够在日常学习和生活中，获得更多的关注和帮助。因此，请务必珍惜与老师们相处的时光，努力建立良好的师生关系。

专科生抓住这四点，也可以有好的未来

学会独立，拒绝盲目合群

作为专科生的你们，首要任务是学习与成长。不要盲目追求所谓的"合群"，不必为了迎合他人而放弃自我。当看到一群人扎堆玩乐时，心生羡慕或自觉孤单都没有必要。大学里的"人脉资源"不应该成为你生活的重心。要明白，我们在这里，无论是学习、生活还是社交，都不过是匆匆过客。我们要对同学关系有清醒的认识，他人的玩乐都与你无关，你要做的只是默默努力，因为每一次的学习与积累都是在为未来铺路。

精选朋友，共同成长

当然，保持清醒独立并不意味着就要把自己完全封闭起来，我建议你们选择性地结交那些能够与你共同进步的朋友。如何鉴别谁是良友呢？我教你们一个方法，那就是观察身边那些孤独却自律的人，他们或许经常沉浸在书本中，或者在操场上挥汗如雨。与这样的人为伍，你们能够相互激励，共同进步。

当你感到迷茫或专业学习遇到困难时，不妨想想你的朋友，然后激励自己每天背诵 8 到 10 个单词，或坚持一项运动。这些看似微小的努力却能产生质变，在未来的专升本考试中，将会发挥巨大作用。请记住，专升本考试的核心是英语和专业课知识，唯有扎扎实实掌握好了，你才能够有机会脱颖而出。

塑造良好形象，提升竞争力

在校期间，请注意保持良好的身材和形象。一个健康、自信的形象不仅能为你的日常生活增添色彩，更能在未来的求职过程中为你加分。当学校举办招聘会时，企业往往更倾向于选择那些形象气质佳、精神状态饱满的求职者。因此，从现在开始，远离不良习惯，坚持跑步锻炼，保持健康的体魄和积极的心态。

明确目标，精简活动

进入专科第二年时，请认真审视自己的兴趣与目标，精简不必要的社团活动和学生会工作。虽然这些经历可以为你的简历锦上添花，但过度投入却会分散精力，影响学业成绩和专升本的备考。请牢记一点，专升本考试才是你当前最重要的任务。企业招聘时，更看重专业技能和综合素质，而不是你在学生会里的职务高低。

被室友孤立了，怎么办

被寝室室友孤立了怎么办？如何与室友既不过于亲近也不过于疏远，确保能够平稳度过接下来的时光，同时还能维持适当的友谊？我在这里给你支几招，特别是对于即将步入大学校门的准大一新生来说，这些方法尤为重要。

第一招：保持自我，不卑不亢

进入寝室后，首先要学会的是看淡一切，不要盲目崇拜他人，更不必刻意讨好或强行合群。记住，你们虽然学习相同的专业，拥有相同的学历，但未来很可能是直接的竞争对手。当室友们选择玩乐时，你可以选择利用这段时间来提升自己的能力，比如背单词、锻炼身体等。保持自己的独立性和主见，这样别人自然不敢轻易拿捏你，反而会对你客客气气。

第二招：避免炫耀与自卑

无论你的家庭条件如何优越或贫寒，都要保持低调谦逊的态度。在寝室里或班级中，不要炫耀自己的家庭背景或财富，这只会引起他人的反感和嫉妒。同样地，家庭条件不好的同学也不要刻意强调自己的贫困，以免暴露内心的脆弱而被他人利用。只要做好自己的本职工作——学习、生活、成长——就足够了。

第三招：拒绝讨好行为，培养个人兴趣

不要成为那种总是讨好别人、拍马屁的人。把时间留给自己，去培养一个或多个兴趣爱好，比如打篮球、唱歌、跳舞等。加入相应的社团或组织，与志同道合的人一起交流学习。这样不仅能丰富你的大学生活，还能让你在与室友相处时更加自信从容。

第四招：尊重他人，改掉坏习惯

大家都是来自五湖四海的朋友和同学，相聚在一个寝室里是一种缘分。因此，在寝室生活中要相互尊重、包容和理解。不要把家里的坏习惯和臭脾气带到寝室里来。在家里与父母兄弟姐妹之间的争执和打闹可以原谅和容忍，但在寝室里则需要注意自己的言谈举止。只有大家共同维护一个和谐友爱的环境，才能确保大学时光的愉快和充实。

如果你害怕被孤立，一定要学会聚焦于自己

《明朝那些事儿》的作者当年明月曾经接受过《面对面》节目的采访，他的一段话十分打动我："11点多，我自习完走出教室，那个时候教室里没有人了，路上都没有人了。我记得是秋天，晚上很冷，我往宿舍走，只能听到我自己的脚步声。那个时候，我感到一种无比的喜悦。这个世界上有很多人、很多种选择，最低的是温饱，然后是钱，超越钱的是名望、权力，但是超越这些的，还有一样东西，叫智慧。"

你感受到了吗？这段话中蕴含着他的大格局和冲破一切的力量，在同学眼里，他是孤僻的、不合群的，为什么他没有因为孤独而自怨自艾，反而能够因为内心的强大而感到愉悦？因为他已经获得了聚焦自身的能力。

保持低调谦逊

从现在开始，请记得在室友面前保持谦逊。不要过分吹嘘自己的能力或家境，因为过度自我展示可能会引发他人的嫉妒心理，甚至导致不必要的误解和隔阂。同样地，也没必要过于强调自己的不足或困境，虽然自嘲有时能拉近关系，但频繁使用只会让人看轻你，甚至在关键时刻成为他人攻击你的武器。

默默耕耘，事以密成

请把你的远大志向和宏伟计划深埋心底，默默为之努力。无论是追求双学位、专升本，还是提高英语水平、坚持锻炼，这些都应该成为你个人的秘密武器，而不是公开宣扬的资本。因为你公开宣布这些目标，可能会引起室友的反感，从而加剧竞争。

平等相待，不欠人情

在寝室生活中，请务必保持平等和尊重。不要随意指挥或使唤室友为你做事，即使是看似微不足道的小事，比如帮忙购物或搬运物品。寝室的水电费等公共开支要做到合理分摊，大家轮流承担责任。同时，也要学会独立处理自己的事务，如购买饭菜等日常琐事，尽量避免给他人带去不必要的负担或产生误解。

拥抱孤独，坚持自我

不要害怕孤独，要学会享受它带来的宁静与自由。室友没有叫上你一起吃饭，不必过分在意，或者勉强他人邀请你参加。你完全可以遵循自己内心的感受，做出最真实的选择。请记住，真正的朋友一定会尊重你的决定和感受，而不是强迫你迎合他们的意愿。

保持神秘感与边界感

在人际交往中，很重要的处世法则就是保持一定的神秘感和边界感。这并不意味着要刻意疏远他人或隐藏自己，而是要学会适时地保持沉默和距离，让对方感受到你的独立和自信。同时，也要明确自己的底线和原则，不轻易妥协或放弃自己的立场。这样，你才能在复杂的人际关系中保持清醒和独立人格。

进入大学，你最大的筹码就是自律

专科不是终点

亲爱的同学，我能感受到你对于未能直接升入本科的遗憾与不甘，那种对更高学历的追求，确实值得被理解和尊重。请允许我安慰你，专科并非终点，而是通往更高学府的另一个起点。你的决心和勇气，正是改变现状、实现目标的强大动力。

确实，我们常说"英雄不问出处"，专科的学历标签并不能定义你的全部。重要的是，你如何把握接下来的时光，去书写属于自己的精彩篇章。无论起点如何，都要勇于追求梦想，不断自我提升。

专升本不仅仅是一个学历的提升，更是一次自我挑战和成长的机会。在这个过程中，你需要付出比常人更多的努力和汗水。但请相信，每一份付出都会有所回报。把英语和专业课程学好，是专升本成功的关键。每天坚持背单词、阅读英文文章、练习听力口语，这些看似微小的努力，终将汇聚成你成功的基石。

当然，大学生活不仅仅是学习。保持身心健康同样重要。每天坚持适量的运动，不仅可以增强体质、提高免疫力，还能帮助你缓解压力、保持良好的心态。此外，注意个人形象也是不可忽视的。一个整洁得体的外表不仅能给人留下好印象，还能在一定程度上提升你的自信心和气场。

学场如战场，学会理性思维

大学是一个充满竞争与合作的地方。在这里，你需要学会独立思考、自我约束，而不是过分依赖他人的帮助或受他人影响。把时间和精力投入学习中去，减少不必要的社交和娱乐活动，这将有助于你更快地实现自己的目标。

当你的同学们都考上了本科，而你只进入了大专，内心感到有落差，你会不自觉想逃离原有的同学圈子，因为你怕他们笑话你。也许你会发现，学校里的氛围没有自己想的那么好，同学们都喜欢玩乐，很少有人能够把心思花在读书上。你既想融入集体，又想用功读书，可惜鱼与熊掌不可兼得，身处这样的环境，你感到很迷茫吧。

请问，你为什么一定要合群呢？你玩过俄罗斯方块吧？在这个游戏中，合群往往意味着消失。你来学校的目的是学习，怕同学笑话的心理不可耻，但要以此为动力，知耻而后勇，身边人都不专注学习，那你应该感到窃喜。因为他们都不学习，就意味着他们已经退出了竞争的舞台。

学场如战场，当你身边的同学都被各种八卦新闻、电影、肥皂剧、游戏、吃喝玩乐占据了注意力时，你要像古代圣贤那样，每天问问自己：

今天的专业书看了吗？

今天读书笔记做了吗？

今天实操课比昨天有进步吗？

今天锻炼身体了吗？

为自己的未来负责

专科升本科，是你人生道路上的一次重要跨越，而非逃避或虚度光阴的借口。你的父母为你付出了很多，他们的期望不仅仅是看到你完成学业，更希望你能通过学习，为自己的人生打下坚实的基础。

如今，你已经成年，是时候对自己的未来负责了。别让青春在游戏中消逝，别让恋爱成为你逃避现实的借口，更别让吹牛成为你生活的常态。记住，你的家庭没有显赫的背景，没有丰富的资源，你所能依靠的，只有自己的努力和坚持。

在这个机器人逐渐取代人力脑力的时代，拥有更高的学历和更强的专业能力，将是你在未来职场中脱颖而出的关键。即使你现在就读的是民办大专，也不必气馁。数学 20 分、英语成绩不佳，这些都只是暂时的困难，而非无法逾越的鸿沟。只要你愿意付出努力，专升本并非遥不可及。

在大专的三年里，自律将是你最宝贵的财富。不要盲目跟风，不要盲目合群，找到属于自己的学习节奏和方式。把图书馆当成你的朋友，把书本当成你的精神食粮，让学习成为你生活的常态。相信我，只要你愿意坚持，三年后的你，一定会感谢今天这个努力的自己。

切勿着急做兼职，提前谋划"自我升值"

若你所学专业为电子商务、工商管理、企业管理、酒店旅游、市场营销、金融会计、物联网、投资与理财等，尤其是当你已步入大二，即将踏上实习之旅时，请务必谨慎对待每一个实习机会。我想强调的是，此时或许会有各种岗位向你招手，但请务必保持清醒。切勿被眼前的"机会"蒙蔽，而是应将这段宝贵时间用于提升自我，特别是专注于专升本考试的准备。

要知道，初入社会，你们很可能被视为廉价劳动力，历经两年的实习洗礼，若错失专升本的机会，未来在职场上仅凭专科学历，可能会面临诸多限制。因此，请坚持每天背诵单词，无论是 8 个还是 10 个，都是向本科梦想迈进的一小步。同时，积极报名参加专升本培训班，通过系统学习，你们将有65%～80% 的机会成功升入民办二本，甚至冲击公办二本。但请注意，鉴于公办二本竞争激烈且名额有限，务必根据自身实际情况做出合理选择。

时代的变化和发展是不确定的，或许，短则几年，长则十几年，很多行业都会消失掉，现在已经很少有能做一辈子的工作了。幸运的是，你会有更多的机会；不幸的是，你也会面临更动荡的大环境。每个人都有适合自己的专业，也能找到与之相配的学校，只是无论是家长还是学生，都要对未来有个清醒的认识，细化未来的升值方向。哪怕只是一个铁路行业，也分好多个工种，对应不同的专业。孩子是否要参加专升本，本科专业选什么，都要提前几年就做好规划，而不是到了三、四年级，才临时抱佛脚，到那时候，很多好机会已经从孩子身边悄然溜走了。

　　未来必然是技能导向的就业市场，竞争也会异常激烈，我们常说"技多不压身"，在保障本职工作的同时，也可以发展一门或多门具有复利效应的副业。除了前面提到的诸如护理、机械、维修等专业，还有一些技能可以帮助大家在生活中获得持续性的回报：写作、视频制作、语言学习、乐器等。我鼓励学有余力的孩子，还是尽可能多掌握一些技能，这些技能可以通过不断的积累和实践，提升你的生活质量和生活品位，还可能帮你获得额外的经济回报。

关于自考本科，你必须知道的那些事儿

自考本科，顾名思义就是以自学为主，学生需要参加单科目考试，成绩合格后，由主考学校和高等教育自学考试委员会联合颁发本科毕业证书，属于国家承认的学历教育形式之一。

自考本科 ≠ 全日制本科

在不少家长和学生（尤其是那些高考只有二三百分的学生）眼里，自考本科似乎是一条通往本科文凭的捷径，然而，我们必须清醒认识到，自考本科并不是传统意义上的全日制本科教育，它属于成人继续教育的一种形式，学生主要通过自学或参加辅导班的方式完成学业，最后参加国家统一组织的考试以获取本科文凭。这种方式可以为没能进入全日制本科学习的学生提供另一种可能，但不可否认的是，其含金量和认可度是远远不及全日制本科的。

自考本科的含金量

自考本科的含金量问题一直有争议：一方面，有人认为自考本科既然也得到国家认可，必然有其价值；另一方面，更多的人已经发现，自考本科在就业市场上，其实很难得到用人单位的认可。因为在招聘过程中，许多企业更倾向于招聘拥有全日制统招学历的求职者。他们认为，全日制本科教育不仅提供了系统的专业学习，还培养了学生的综合素质和团队协作能力，而自考本科往往缺乏这些方面的训练和培养。

此外，自考本科学历在升学和考公方面也受到一定的限制。许多高校和政府部门在招生和招聘时，都明确规定了学历层次和类型要求。自考本科虽然属于国家承认的学历，但往往并不在被选择范围内。

大专教育的优势与路径

既然自考本科有这种种局限性，那么，对于那些成绩不理想但又渴望继续深造的学生来说，究竟应该如何选择呢？在我看来，更明智和可行的选择就是大专教育。

首先，大专教育提供了更灵活多样的学习方式。与自考本科相比，大专教育更注重实践技能的培养和职业素养的提升。学生可以通过参加各种实践活动和实习来积累工作经验，锻炼自己的实践能力。这种学习方式不仅有助于提高学生的就业竞争力，还能提升他们在未来职业生涯中的适应力。

其次，大专教育为学生提供了更多的升学机会和发展空间。在大专学习期间，学生可以参加专升本考试，还可以通过考研、考公等途径来实现自己的职业规划。

警惕招生陷阱，保护自身权益

在选择教育路径的过程中，我们还需要警惕那些招生陷阱和骗局。一些不法分子利用学生和家长对本科文凭的渴望，通过虚假宣传和承诺来骗取他们的钱财和信任。他们常常以"低分上本科""包过包录取"等诱人的口号，吸引学生和家长上钩。然而，一旦交了钱，就会陷入无尽的烦恼和懊悔之中。

因此，我们必须保持清醒的头脑，不要轻易相信那些不切实际的承诺和宣传。在选择教育路径时，应该结合学生的实际情况和兴趣爱好来做出选择。学校的师资力量、教学质量和就业前景等方面的信息，都要事先了解清楚，这样才能让孩子的权益和未来有所保障。

专升本全攻略：一次讲清专升本的那些事儿

什么是专升本、专转本、专接本

专升本、专转本与专接本，这三个概念主要流行于河南、河北、江苏及广东等地，是专为那些已经完成三年制大专学业的学生提供的深造途径。简单来说，当学生们完成三年大专学习后，他们可以以应届毕业生的身份参加专升本、专接本或专转本的考试。一旦成功通过考试，便有机会进入本科院校继续学习，最终获得的是全日制统招的本科文凭。这个文凭的含金量与通过高考进入本科的学生所获得的文凭完全相同，都是国家认可的全日制本科学历。

什么是专套本

专套本，又称自考本科或成人本科，是一种特殊的教育模式。它要求学生必须获得全日制统招的大专学历，这个大专可以是公办的，也可以是民办的。在大专学习期间，学生就可以同时报名参加自考本科的学习，也就是在大专学习的同时，同步进行本科课程的自学与考试。大专三年毕业后，学子们不仅可以获得全日制的大专文凭，同时还能获得自考本科的文凭。不过，需要注意的是，自考本科文凭属于成人性质，与全日制统招本科文凭在性质上不同。

什么是高本贯通

高本贯通，又被称为专本贯通，是一种更直接的升学途径。它针对的是那些高考分数接近本科线（通常差 10 分以内）的学生。这些学生可以先进入公办大专院校学习三年，然后直接对接到本科院校，再进行两年的全日制本科学习。完成五年的学习后，他们将获得全日制统招的本科文凭。这种方式的本科文凭含金量同样很高，与通过高考直接进入本科学习的学生所获得的文凭没有区别。

什么是中外联合办学计划内招生

中外联合办学是一种国际合作的教育模式，旨在为学生提供更加国际化的教育资源和平台。计划内招生通常分为本科批次和专科批次。对于本科批次的学生来说，只要他们的分数达到或略高于本科线（哪怕只高出 1 ~ 5 分），就有可能被中外联合办学的民办二本或公办二本录取。而对于专科批次的学生来说，虽然他们的分数没有达到本科线，但也可能被一些优质专业的中外联合办学专科录取。不过需要注意的是，中外联合办学的学费通常都比较高。

什么是全日制本科助学班

全日制本科助学班与专套本在性质上有一定的相似之处，它们都属于成人教育的范畴。然而，全日制本科助学班通常会提供更加系统和全面的教育模式，包括课程安排、教学辅导、考试组织等。最终获得的文凭多为成人性质，如函授、夜大、电大等。虽然这种文凭与全日制统招本科文凭有所不同，但仍然具有一定的认可度和价值。

专升本还是专套本

不是每一个读大专的孩子都只有选择专升本这一条路，因为专升本涉及英语，有的孩子高考时英语考三四十分，没有语言天分，像这类英语不好，不喜欢死记硬背，也搞不定阅读理解的孩子，只要动手能力很强，他就适合走专套本的路。哪些专业呢？我举几个例子，大家可以参照着选，比如机电一体化、新能源汽修、工业机器人、建筑工程技术等，需要把技术学扎实。虽然它含金量低，但用人企业也知道，你至少在读大专的时候，还是很好学向上的，技术又比较好，会觉得你还是个不错的人，你的竞争力一下子就起来了。

专套本和专升本哪个更难？专套本会相对简单一些，因为它的性质是成人函授夜大，社会认可度不如专升本。

专套本社会认可度低，会不会没用

自考本科的文凭不是作为敲门砖去使用的，它对两类人群有用，第一类是偏实用性质的专业，比如铁路类、水利电力类、消防类、石油类、勘探类、冶炼类、测绘类等，这些专业会有对口校招，那么学生有一个自考本科文凭就比较有用。还有一类是已经工作的人，尤其是体制内人群，比如在专科学校里当老师的，或者医院里的后勤，有了一定的工作年限，现在面临提干升职，但是学历不够，怎么办呢？自考本科文凭就可以派上用场了，虽然社会认可度不高，但至少能满足体制内的硬性规定。

对于年轻人来说，如果是参加定向校招，已经提前锁定了工作岗位，那就可以通过自学本科的形式获得文凭，积累几年工作经验后，有个本科文凭可以跳槽，也可以作为在本单位升职加薪的砝码。

专升本含金量很高

该怎么看待一个文凭含金量的高低呢？就看是不是通过选拔式考试取得的，比如中考、高考、研究生考试，都属于选拔式考试。像小升初，大专里五年一贯制的就不算，英语四六级考试甚至驾驶证考试都不能算选拔式考试，因为这类考试不是按排名算的，是事先设置了一个分数线，达到分数线就可以过。但中考、高考是先定名额，再按照名额确定分数线。

专升本也属于选拔式考试，它是全职的统招本科文凭，有本科学位证，这个含金量就不是专套本可比的了。所以，各位家长和孩子，能专升本还是尽量去专升本，现在基本上是 35% 的录取率。关于这个录取率我得解释一下，比如说，有 100 个专科生来报名，只招 35 个，但这 100 个人里面，出于各方面的原因——有的找到工作了，有的报了名又觉得学费贵不参加考试了等，有 20 个人不来了，那就等于 80 个人来竞争 35 个名额。然后，大概又有 20 个考生是裸考的，从来不学习，想碰碰运气，这样就变成 60 个里录取 35 个。

专升本还分公办和民办，60 个人里面那些准备特别充分的孩子，基本上都去报公办的本科了，因为公办本科便宜。这些基础比较好的孩子是什么情况呢？高考时，志愿没填对，导致报考落空没被录取，于是选择读专科，再通过专升本读公办本科，这样可以帮家里省点钱。你和这些人一起考试，如果家里条件还过得去，就读个民办本科，那基本上就是百分之百通过了。只要考出来，最后就是全日制本科学历，可以参加考研、考编，社会认可度是很高的。

专升本越走越顺的三条策略

现在，你已经读了两年多的大专，开始为专升本发愁了，尤其是自己的英语四级还没过，心里是否感到很迷茫，不知道该怎么办？别急，先听听我的想法。

先别急着报公办本科

已经升入大专三年级的你，英语四级还没考过，是不是没怎么好好学习？既然如此，现在去报公办本科，不就是瞎子点灯——白费蜡吗？请不要忘了，专科里也有学霸，他们当年也是有实力考上公办本科甚至一本的，就是因为家里条件不好，才选择读专科。但这三年里，他们一点都没闲着，英语、专业课都学得很好，这样才能在专升本的时候游刃有余。你如果没有充分的准备，如何竞争过别人呢？全省那么多专科生都盯着那几所公办院校的专升本名额，竞争很激烈，你得先掂量掂量自己有没有实力。

专升本的机会只有一次

你还要明白一点，那就是专升本的机会只有一次，错过了就没有了。你学的那些专业，像小学教育、学前教育、口腔医学、建筑工程、工程造价、建筑设计、特殊教育、医学检验、医学影像、药剂学等，要是专升本没上去，拿着一张大专文凭，找工作可不是那么容易的。所以，从务实的角度出发，我建议你报个民办二本。不可否认，民办二本的学费相对贵一些，但是，正因为学费贵，很多人就望而却步了，这就等于提前筛选掉了一批潜在竞争者，这时候，你去报考这类学校，成功的机会就大多了。然后，你再参加校内培训班，好好准备考试内容，基本上就不会有太大问题了。

报专业别太挑剔

虽然我一直强调一定要选对专业，但这是针对就业本身而言的。如果你专升本的目的就是未来能拿到本科文凭，那么对专业可以不用那么挑剔。

你在专科的时候已经学了某一项技术，但许多技术类专业在本科没有开设，而类似临床医疗这样的"高精尖专业"，你的成绩又无法达到，这时，我建议你去报考一些更加大众的专业，比如市场营销、工商管理、国际贸易等。这些专业课往往比较简单，计划招生人数也更多。

你现在只有一个目标，那就是拿到全日制统招本科文凭，以后无论你是考研、考公务员，还是进入对学历有要求的机构工作，都会方便很多，这种情况下，对于专业的限制可以放宽。

选择大于努力：专科学业规划优先级

专科要以"专业变现"为第一目标

对于专科教育而言，专业的选择尤为重要，因为它直接关系到未来的职业发展。比如，在北京学习市场营销专科与在武汉学习电梯工程技术专科，二者在就业前景上显然存在差异。专科教育的核心在于专业技能的培养，以解决就业为导向，而不是学历的炫耀。因此，选择一个具有市场需求、就业前景广阔的专业，是每个专科学生首先要考虑的事情。

既然读到专科层面，最重要的是看你学什么专业。读专科，最大的目的是专业变现。如果你读专科还选择市场营销、工商管理、企业管理、国际贸易这样的"高大上"专业，毕业出来很难找到工作。读专科的意义，就是为了解决用人单位的实际问题，工厂里面遇到技术问题了，需要你学以致用。所以，读专科的孩子一定要记得一点：专业排第一。

为什么把城市排第二

大城市经济发达，可供投简历的岗位自然多一些，比如北上广等一线城市，外资的、独资的、国营的、私企的、国企的单位都有，经济活力越强，毕业生的机会也就越多。

在大城市里见多识广，接收的信息量也大，这会与小城市形成反差。如果你是从小城市、小县城出来的，到大城市之后，这种城市氛围很容易就能激发你的斗志，你就会想留在大城市，自然而然为之努力。

不过，与专业相比，城市依然要作为第二考虑因素，因为对于一个学生来说，学到的知识技能是最重要的，这直接关系到毕业后的就业问题。

学校为什么排在最后

在专科层面，学校的重要性相对较弱。当然，并不是说学校不重要，而是相对于专业和城市而言，其影响力可能更为有限。当学生的成绩足以选择多个学校时，就可以综合考虑学校的师资力量、教学设施、校园文化等因素。但需要注意的是，无论选择哪所学校，都要优先确保所选专业与自身兴趣和职业规划相契合。

什么情况下会调整优先顺序

对于本科生而言，如果成绩优异，又是文科生，可以更倾向于选择学校作为首要考虑因素。这是因为文科生的就业渠道相对有限，而学校的声誉和排名能在一定程度上提升就业竞争力。然而，这并不意味着专业可以忽视，仍然要根据个人兴趣和职业规划进行选择。

对于理科生而言，我还是建议把专业放在首位。因为理科生的就业领域更加广泛，而且专业技能的掌握对于未来职业发展至关重要。在选择学校时，可以考虑学校的综合实力和专业排名等因素。但同样需要注意的是，无论选择哪所学校或哪个专业，都要确保符合自己的兴趣和职业规划。

举例来说，哈尔滨医科大学和西安交通大学同为 211 院校，如果以我的角度来说的话，我就选医科大学的临床医学，而不会选择西安交大的国际贸易或者市场营销。然而，如果两个专业的就业情况和未来发展相差不太大，就可以先选学校。比如哈尔滨医科大学的药剂学跟西安交大的工商管理，我会考虑选择西安交大。除非专业有碾压性优势，否则如果放弃临床医学去读西安交大的市场营销，毕业后可能就去小国企里当个文员，一个月工资不高，别人还不重视你。如果读医，毕业出来就可以做临床医生，当然学习时间会比较久。所以，究竟如何选择，还是要看学生自己的志向和兴趣。

什么时候可以优先考虑学校

在比较不同学校和专业时，如果两个选项在各方面都相差不大，可以优先考虑学校。但如果某个专业的就业前景或自身兴趣更突出，那么，即使学校稍逊一筹，也应该毫不犹豫地选择该专业。因为，最终决定你职业发展和人生轨迹的，往往是你所掌握的专业技能和兴趣所在。

如果文化成绩在300多分，无论是职高生、普高生还是中专生，我都建议优先考虑地级市的公办大专。虽然这些学校可能不如省会城市的学校那么有名，但它们的教学质量和就业前景同样值得信赖。在选择专业时，你可以优先考虑一些就业前景较好的专业，如水利水电、建筑工程、航天航空、飞机修理、城市燃气热力、电梯工程技术、智能焊接等。对于女生来说，动物医学技术、药剂师和护理专业，以及特殊教育、园林园艺、室内装修设计、物流管理等专业也是不错的选择，它们都与当前社会的发展趋势紧密相连。

然而，如果所在的省份是四川省，单招成绩在280分以下，那么，我建议你不要勉强去读那些偏远地区的公办大专。因为这些学校的教学质量可能无法保证。相反，你应该选择一个地理位置相对较好、教学质量有保障的民办大专，并选择一个好的专业。例如，畜牧兽医、电力工程、智能焊接、护理等专业，都是当前市场上比较热门、就业前景较好的专业。在选择学校时，你可以考虑一些口碑较好、师资力量较强的民办大专。

最后，我要提醒大家的是，报考形势逐渐严峻。因此，在填报志愿时一定要保持低调和理性，不要过于追求名校或热门专业，应该根据自身的分数和实际情况来合理选择专业、城市和学校。记住我的话：优先选择专业，其次是城市，最后是学校。同时，我建议孩子不要选择复读，因为以后的竞争可能会更加激烈。

必须专升本的专业

在众多专业领域中，有几类因其较高的专业性、行业准入门槛，以及对知识与技能的深度要求，强烈建议学生考虑专升本，乃至更高层次的学术深造。

教育与医疗类

这些领域对从业人员的专业素养和理论功底有着极高的要求。教育改革的不断深化，对教师的教育理念、教学方法及科研能力提出了更高要求，专升本能够帮助学生系统掌握先进的教育理论，提升教学研究能力。其中，小学教育和学前教育的从业门槛也日益提高。特别是小学教育，已被国家列为"国控"领域，明确要求从业者需具备本科学历及以上，这既是对教育质量的严格把控，也是对教师队伍专业素养的更高要求。

医疗类专业更是如此，医生、护士等职业直接关系到人民的生命健康，专升本不仅意味着更扎实的医学基础，也是获取执业医师资格等职业准入证书的必要条件。

公检法系统相关专业

司法警务、刑侦等公检法系统相关专业，其职业特性决定了从业者必须具备深厚的法律功底、严密的逻辑思维和丰富的实践经验。专升本能够让学生深入学习法律知识，了解司法程序，提升法律素养，为未来从事司法工作打下坚实基础。同时，随着法治社会的建设，对司法人才的需求也在不断增长，专升本能够增强学生在就业市场上的竞争力。

技术密集型专业

虽然技术密集型专业如编程、设计、机械制造等更注重实践技能的掌握，但专升本同样具有重要意义。一方面，本科教育能够为学生提供更广阔的视野和更系统的知识体系，有助于学生在技术探索中不断创新；另一方面，随着技术的不断升级和行业的快速发展，对技术人才的需求也在不断变化，专升本能够帮助学生及时跟上行业步伐，适应新技术、新领域的发展需求。

法学专业

在法学领域，尤其是通往律师职业与法学研究的法学硕士、法学博士等层次，中国人民大学、中南财经政法大学等高校，都有着悠久的法学传统与严谨的学术氛围，向社会输送了大量顶尖人才。在这一背景下，法学专科生在竞争白热化的法律行业中往往难以立足，尤其对于想成为专业律师或法律助理的学生来说，本科学历几乎是不可或缺的起点。

林业与园林专业

随着全球对生态环境保护的日益重视，以及我国生态文明建设的加速推进，这两个行业正经历着前所未有的繁荣与发展。从浩瀚森林到细微景观，从生态修复到城市绿化，每一个环节都期盼着专业人才的加入。林业与园林专业的学生完成专升本之后，不仅能够系统化学习专业知识、掌握前沿技术动态、收获更加丰富的实践经验，更是迈出了通往更高职业平台、实现职业晋升的关键一步。

现代物流管理专业

作为一门综合性极强的学科，现代物流管理远不止于简单的包裹分发。它融合了先进的科技手段与复杂的地理知识，要求管理者具备卓越的规划、组织与协调能力。试想，若你肩负起北京怀柔区快递网络的指挥重任，你将如何巧妙地运用科技手段实现快递的智能化分类、高效分拣与精准运输？这不仅是对地理智慧的考验，更是对全局视野与精细化管理能力的极致追求。物流管理的稳定性与长期发展前景不容小觑。当然，个人价值的实现还有赖于专业知识的持续学习，在条件允许的情况下，继续深造将是一个明智的选择。

新型物业管理专业

房地产行业的转型风向标已清晰可见，从追求量的扩张转向质的提升，小区物业服务的品质成为新的竞争焦点。面对业主日益增长的多元化需求与不时曝光的物业管理难题，新型物业管理通过专业化的服务与管理策略，可以为小区带来翻天覆地的变化。尤为重要的是，随着高端住宅市场的兴起，具备国际视野、精通英语且擅长人际交往的新型物业管理人才更是供不应求。这样的专业人才，不仅能够在物业公司中稳坐要职，更有机会迈向职业巅峰，享受丰厚的回报。

因此，有志于这一领域的学生，可以提前规划职业生涯。中考后，根据成绩选择合适的职业教育路径，无论是职高、中专还是技校，都能为未来的专业学习奠定坚实基础。最后，通过技能高考完成专升本的学历提升。

哪些专业可直接就业

医学美容技术

此专业侧重于实践技能与人际沟通能力的结合。在医学美容领域，精湛的技术与良好的个人形象是赢得客户信任的关键。随着高科技美容仪器的广泛应用，专科毕业生已能充分掌握并运用这些先进设备，满足市场需求。因此，对于追求美丽事业、擅长沟通且注重个人形象的学子而言，医学美容技术是一个无须专升本即可直接步入职场的选择。

畜牧兽医与动物医学技术

这两个专业紧密关联于农业与畜牧业的发展，是保障食品安全与动物健康的重要力量。随着社会对宠物健康关注度的提升及畜牧业现代化进程的加快，畜牧兽医与动物医学技术的专业人才需求量持续增长。专科毕业生凭借扎实的专业技能，即可在相关领域找到满意的工作岗位。

电梯工程技术

作为现代城市不可或缺的基础设施维护专业，电梯工程技术直接关系到居民出行的安全与便捷。随着高层建筑的不断涌现，电梯维护人员的需求日益增加。该专业注重实践操作与应急处理能力，专科毕业生通过系统学习与实践训练，即可胜任电梯安装、调试、维护及故障排查等工作。

新能源汽修

随着新能源汽车产业的蓬勃发展，新能源汽修技术成为一个新兴且热门的职业方向。专科教育阶段，学生将接受全面的新能源汽车构造、原理及维修技术的培训，毕业后可直接投身于新能源汽车维修与保养领域，满足市场对专业技能人才的需求。

智能焊接与数控机电理化

这些专业均属于技术密集型领域，对实际操作能力有着极高的要求。专科教育注重培养学生的动手能力和解决实际问题的能力，使学生能够在毕业后迅速适应工作岗位，成为企业生产线上的技术骨干。

现代营养烹饪与工艺

烹饪艺术不仅关乎味蕾的享受，更关乎营养与健康。此专业培养的是具备现代烹饪技艺与营养学知识的复合型人才。专科毕业生凭借其精湛的烹饪技艺与对食材的深刻理解，可在餐饮行业找到广阔的发展空间。

智慧养老与康复治疗

随着老龄化社会的到来，智慧养老与康复治疗成为社会关注的焦点。这些专业注重实践经验的积累与人文关怀的培养，专科毕业生在掌握基本理论与技能后，即可在养老服务机构、康复医院等场所发挥重要作用。

数字媒体技术

在数字化时代，数字媒体技术成为连接创意与市场的桥梁。该专业强调创意与实践的结合，专科毕业生通过不断学习与创作，可凭借优秀的作品在广告、影视、游戏等行业崭露头角。在这个行业中，作品的质量往往比学历更能说明问题。

需要注意的是，虽然上述专业在专科阶段即可满足大部分就业需求，但个人发展路径的选择仍需结合个人兴趣、职业规划及市场需求等多方面因素综合考虑。同时，随着社会的不断进步与技术的快速发展，持续学习与自我提升对于任何专业的从业者而言都是至关重要的。下面，还有两类专业也不需要专升本——校企合作与定向培养类专业。

不建议专升本的专业

校企合作类

这类专业以护理专业和特殊教育为代表，其中，护理专业不建议专升本。

首先，护理专业专升本的难度是非常大的，因为要考英语、数学，专升本还意味着你得再多读两年书。学护理的时代红利就在于，当下刚迈入老龄化社会，护理人才缺口很大，医院缺岗位就这么几年的时间。打个比方，我是女孩子，现在读护理，专科是不是要读三年？我升三年级的时候，学校就把我安排到有合作关系的医院里实习。

我建议大家不要去同济、协和这样的三甲医院实习，可以向学校递交个人申请，去普通的非三甲医院，这一点对于专科生尤其重要。因为到非三甲医院实习，留下来的概率会高得多。有些孩子不懂这里面的窍门，就想去三甲医院实习，说出去脸上多有光啊。如果是读本科的话，可以有这个念头，但是，专科学生还是去普通的医院就好，否则，即使进了三甲医院实习，大概率就只是走个过场，时间一到就让你回来了，你还去哪里实习呢？

但你在读护理专业一年级时，必须读一个自考本科文凭，这能让你在医院招人时有个回旋的余地，为什么这么说？等进了非三甲医院，你在做好本职工作的同时，记得要跟周围人，尤其是护士长搞好关系。他们会有内部校招，你如果有了自考本科文凭，它的含金量在这个时候是等价于专升本的本科文凭的，二者的区别就在于：自考本科文凭不能作为敲门砖去使用，但因为你已经在医院实习，又是通过学校和医院的内部校招，学校已经帮你把门敲开了，即使医院对本科学历有要求，由于你和上司、同事已经建立了感情，你拿个自考本科文凭，他们也就认可了。

对于学生来说，时间是宝贵的，提前锁定工作岗位，就意味着你已经抢占了人生的先机。对于女孩子来说尤其如此，一旦参加专升本，等到本科毕业可能已经二十六七岁了，但你的同学们在 22 岁就已经在医院实习，23 岁就开始正式工作，工龄也是从 23 岁开始算的。有了稳定的工作，她们也可以没有顾虑地恋爱、谈婚论嫁。说句心里话，不要把一纸文凭看得特别重要，我们要根据实际情况，走性价比最高的那条路。

定向培养类

铁路相关专业（如铁道维修、铁道信号、高铁乘务等）、水利水电专业（如水电站运营、水资源管理等）、电力专业（如风力发电、光伏发电、火电厂集成等）、邮政专业、石油专业、烟草专业等都不需要专升本，两年专科之后，第三年去实习。但需要注意的是，像铁路、水利、电力、烟草、石油等专业，属于大专里的高配专业，分数较高，一般都要求过本科线。如果你读不起本科，或者就想进铁路、石油、烟草相关单位工作，可以选择铁路学校、烟草学校、石油学校，因为这些专业都是定向安排工作的，学费全免。当然，所谓定向一般是去比较偏远的地区，比如小县城或者山区里做基础建设。

和护理专业一样，铁路、邮电、烟草、水利、建筑、消防等专业都有指定实习单位，你只要能力不是太差，有个自考本科文凭，用人单位就会视同本科，直接签编制。

最后，我简单总结下不需要专升本的两类专业：第一类是定向培养专业，包工作、包学费，但限制地域；第二类是校企合作专业，包平台、不包编制，可以自由选择去留。总体来说，这些专业都特别注重实操，而不是研究理论，是务实的专业。

"青春饭"专业

有两个专业要特别说一下，一是空乘专业，二是铁乘专业。这两个专业可以专升本，但我依然只建议专套本，因为工作保鲜期太短了。

空乘和铁乘都是吃青春饭的专业，尤其对于女孩子来说。比如说女孩小张没考上本科，去读了空乘专业，她没有选择专升本，而是读了专套本，22岁毕业后当了一名空姐，年薪20万元。但是，空乘行业是有生命周期的，基本上过了30岁就不能飞了，因为年轻女孩子太多了。试想一下，22岁专科毕业，专升本再读3年，25岁毕业，已经是这个行业里的"老人"了，还有航空公司愿意招吗？作为服务行业里的"天花板"，空姐很注重外形、气质，所以趁着年轻要尽快就业。铁乘也是这个底层逻辑，不要硬拼学历，要把精力花在如何尽快上飞机、上高铁工作这件头等大事上。

有家长就会问了，既然这两个专业对年龄要求比较高，那么孩子过了30岁后能干什么？我的回答是做地勤，航空公司里面也是有编制的，就像学校里的任课老师，年龄大了以后，就转去图书馆或者后勤部，做行政岗位的工作，就是俗称的"退居幕后"。只要是正规的航空公司或铁路公司，都会考虑到空乘/铁乘人员的调岗问题。

关于调岗，我再多说几句，一定要提前谋划，比如做铁乘时就要留心当地或者附近的火车站岗位，男孩子可以转检修，女孩子可以转票务、站台、后勤，不要等到年龄大了，才被动等待上级的转岗，到时候就会发现合适的岗位早就被其他有心人抢占了。如果能够尽早通过自己的努力，提前锁定调岗后的岗位，那么前面十年的漂泊就能换来后面二三十年的安稳，这点家长们一定要心中有数。

专套本适用于哪些专业

专套本，即专科层次学生套读本科课程，它的需求取决于特定行业的职业发展。以下是一些适合进行专套本学习的专业类别。

交通运输类

如高速铁路运营服务、航空服务等，这些行业对从业人员的综合素质要求较高，不仅需要扎实的专业技能，还强调应急处理能力。专套本不仅能提升理论知识水平，还能增强职业竞争力，为在体制内晋升或从事更高级别的管理工作奠定基础。

能源与水利类

包括水利水电工程、水电站运行与管理、风力发电、光伏发展等。这些专业通常涉及复杂的工程技术和管理知识，同时，工作环境也较为偏远艰苦。通过专套本学习，可以进一步掌握先进技术和管理理念，适应行业快速发展和变化的需求，同时也有助于在体制内获得更好的职业发展空间和薪酬待遇。

民政与公共服务类

如殡葬服务与管理，虽然本科阶段直接设置该专业的院校较少，但随着社会观念的转变和殡葬行业的规范化发展，对专业人才的需求日益增加。专套本能够为学生提供更加系统全面的知识学习，提升职业素养，满足行业对高层次人才的需求。

建筑技术与工程类

特别是强调技术实操的专业，如工程造价、地铁隧道桥梁施工、工程测量、地质测绘等。这些专业要求学生不仅具备扎实的理论基础，还需要丰富的实践经验。专套本学习能够提升学生解决实际问题的能力，同时也有助于在体制内获得更高级别的技术职称或管理岗位。

只要规划得当，你也能当大学老师

如果你目前正就读于专科，而且所学为非师范类的专业，比如工商管理、企业管理、国际贸易、市场营销、电子商务等，同时，你又很想成为一名老师，那么，接下来的内容将为你指明方向。我将分享三个关键步骤，助你实现大学教师的梦想。

第一步：夯实英语基础，规划专升本之路

刚进学校时，你就要清楚认识到英语的重要性。因此，我建议你要在英语学习上投注更多的精力。每天要坚持背单词，我相信，经过三年的努力，足以让你在英语考试中游刃有余。然后，给自己制定目标，争取通过英语四级，并努力向六级发起冲击。在专升本的关键时刻，你可以凭借英语优势，跨考教育学本科，这一领域通常不涉及数学，更多考查专业知识的积累与应用。如此一来，凭借扎实的英语基础和对教育学的热爱，你就能顺利获得教育学本科学历。

第二步：考取教师资格证，奠定职业基础

在大专三年的学习生涯中，请务必把教师资格证考下来。特别是小学教师资格证，它有着广泛的适用性。首先，利用学校的便利条件，尽早取得普通话证书，这是你取得教师资格证的第一步。随后，全力以赴备考小学教师资格证，确保在专升本之前将其收入囊中。值得注意的是，小学教师资格证的考试内容与专升本后学习的教育学知识紧密相连，这无疑为你提前打下了专业理论基础。

第三步：继续深造，攀登高峰

专升本成功后，你已成为一名本科生，如果你渴望在大学或更高平台上有所发展，那么，考研就是你的下一个追求目标。这时，你之前为英语付出的努力将成为你的强大助力，要知道，考研英语的难度介于六级与八级之间，所以，你需要在原来的基础上继续刻苦努力。同时，你可以考虑跨考管理学或教育学相关的专业型硕士，它们不仅与你的专科背景相契合，而且学制相对较短（通常为两年），快速完成学业有利于节约时间成本。在择校时，你可以根据自身实际情况，我建议选择一所位于地级市、实力不俗的双非一本高校。成功入学后，专业硕士的优势之一就是学制灵活，你可以在第一年就开始撰写硕士毕业论文，第二年就有望顺利毕业。届时，凭借研究生学历及小学教师资格证的双重加持，你就能有资格直接进入公办高职高专院校任教，开启大学教师生涯。

好专业，在初中时
就要提前规划

第二部分
专业选择篇

6

选专业，
要趁早做计划

选择专业，不是选择面子

我接触的家长中，愿意放手的不能说没有，但确实比较少见。总的来说，他们希望一切尽在掌握，井井有条地安排孩子的未来，然而对孩子的期许依然局限在自己从事的狭窄行业之内。家长往往忽略了孩子内心的敏锐和渴望，其实，孩子不在意外界的眼光，只想从事自己真正热爱的事业，哪怕在父母眼中并不那么传统和靠谱。

一个面塑爱好者的故事

我曾听工艺美术行业的朋友提起过这样一个"80后"女孩，大学毕业后，她很顺利地进了体制内工作，因为经常会与一些手艺人打交道，她接触到了儿时就很喜欢的面塑——通常所说的捏泥人儿。我们都知道，像剪纸、面塑这样的手艺人，现在真正以此为生的已经很少了，因为与书画相比，这类作品卖不上价格，个体户只能勉强糊口。但女孩感觉自己内心的火花被点燃了，她萌发了从头学面塑的想法。

当这个女孩子有了辞职学艺的想法时，家里人是坚决反对的，母亲甚至说，如果她放弃了体制内的铁饭碗，去从事这样一份朝不保夕的工作，就不认这个女儿。好在父亲还是比较开明的，有了他的支持，女孩就"跨专业"

重开炉灶了。女孩的勇气确实可嘉，因为她要面临的不仅是艰难的学艺之路，还有她的家人、同事、朋友的不理解，以及从体制内员工到民间手艺人这个身份转变带给她的压力。

后来，她进了一个工艺研究所，拜一个老师傅学艺，但老师傅并不看好她，觉得她就是出于新奇来玩玩的。不过，她竟然真的坚持了一年又一年，师傅和同事都对她慢慢改观了，她现在已经是新生代面塑传承人，作品也获了奖。我这个朋友说，他对女孩最大的印象不仅是肯吃苦，更重要的是她心态很好，把兴趣和职业做了很好的结合。

越来越多的人脱下孔乙己的长衫

像女孩这样出于热爱，辞职学手艺的情况，在当下可能并不多见，但另一个现象值得引起大家的重视，那就是大学毕业生选择"回炉"参加职业技能培训。现在很多本科教学的课程与就业其实是脱轨的，本科乃至研究生学的内容很多偏向理论，反倒是一些大专或职校很注重实践，所以心理咨询师、公共营养师和健康管理师是三个热门的学习方向。

我现在有一个很深刻的体会，那就是盲目追求学历已经成了高投入低回报的事情。现在这个时代，一般的本科学历前景不太明朗，那什么专业比较好？就算是理工科类的，比如物理、化学、生物，包括医科类，最起码考到 580 分，才有机会进入一本院校的高精尖专业，然后进一步搞芯片、搞研发。

医科类的专业虽然也很好，但前期的时间成本比其他专业要多，首先本科就要五年，等博士毕业后，可能十来年已经过去了，那时候你还只是个见习医生，投资回报比是比较低的。当然，医生这个职业是值得我们尊敬的，是否要从事这个行业，还要看孩子自身的意愿。

前面我们分析过，现在的学生已经很难得到学历带来的时代红利，所以，我真的不建议大家一股脑去为了读本科而读本科，经过了改革开放阶段、学历扩张阶段，社会上本科生近乎饱和了，但家长们的思维还沉浸在过去，似乎只要孩子有足够高的学历，工作就稳了。

面子不值钱，务实才是根本

当下已经步入了职业教育阶段，这就是我们不得不面对的社会大转变，在这个背景下，家长首先要做的就是调整思路。培养孩子读书没问题，但一定要让孩子的德、智、体、美、劳一起发展。马斯克不到 50 岁就创立了四家市值过亿的公司，这个思维不设限的男人曾经对传统教育加以批判，他认为目前很大部分人学的东西都是没有意义的，因为在以后的生活中，他们根本不知道如何使用这些知识。他认为，解决问题和创新思考的能力，才是人类最需要的品质。

很多人传统的价值观就是只要能在大城市拿到高学历，父母就会觉得特别有面子，孩子也觉得自己高人一等，成绩似乎可以涵盖一切。可惜，找工作时，这一切都打回原形了。

所以，从社会角度来说，家长们一定要学会务实，一定要有利己精神。什么叫利己？就是学个好的技术，先有利己才能利他。利他是什么？是把技术学好了之后，通过技术变现的同时，服务他人、服务社会。

对于普通家庭的孩子来说，读书确实很有作用，学历也很重要，但不一定非得读本科，而是要以技术为根本。先学技术，其次才是学历。家长要在孩子还小时就注意培养其持久的好奇心和无限的想象力。

写给孩子的真心话：
别为了你的面子，伤了父母的心

　　当你抱怨自己每周都有补不完的课、做不完的作业，你压根看不到父母为了你的学业要付出多少血汗。如果父母失业了，也许只能在外面开滴滴、开货车，或者去工地做泥瓦匠、粉刷匠。你说你为了面子，一天到晚跟隔壁老王家的儿子比，他的成绩或许是比你差，可人家家底厚啊，家里几套房，存款上千万元，考不上大学可以到国外留学，回来收租过日子，照样美滋滋，你怎么办？你也伸手问父母要钱，非要读私立高中，然后花一大堆钱去国外镀金？回来后啥也不是，工作找不到，继续在家啃老吗？你还觉得有面子吗？

　　所以，面子这个东西不是给你的老师、同学、亲戚、朋友看的，不是上个名校才有面子，真正的面子是你自己有技术傍身。如果家里条件不好，你去读职业高中、读专科学校，学门好的专业、有用的技术，你不花爹妈一分钱，最后还靠自己所学找到了工作，不仅能养活自己，实现人生价值，还可以反哺爹妈，这才叫最牛的面子。

专科生选专业的底层逻辑

首选专科独有的专业

我想对那些打算走专科路线的孩子说：你们都是有眼光、有魄力的！为什么这样说呢？因为你们懂得避开本科生扎堆的热门专业，挑选出专科才有的"独家专业"。如数控、电梯工程技术、焊接技术等，这些专业都是很接地气的，更重要的是，本科生的专业里是没有这些的。

这样一来，等到毕业投简历的时候，与你们竞争的都是专科生，压力是不是瞬间小了很多？而且，只要你在专科的三年里，专注于学业和技能的提升，那么，在这个行业里，你就能拥有绝对的竞争力。

然而，有些家长就是爱给孩子画大饼，明明孩子读的是专科，还非得让他们去跟航天英雄比，这不是强人所难吗？我们得认清现实，每个批次、每个层次都有它的"天花板"，关键是要帮助孩子找到适合自己的位置。

所以，选专业的时候，就别跟本科生一起挤那些热门专业的独木桥了，去挑那些专科独有的专业吧，这就像田忌赛马，换个思路以后，就能找到适合自己的跑道和比赛方式，一样也能赛出精彩人生。

警惕伪铁饭碗的专业

在填报专科志愿、选择专业时，不要被某些专业表面的光鲜所迷惑。稍有不慎，未来可能连一份像样的简历都没法填写，更别提找到理想的工作了。接下来，就让我为大家揭开这些专业的真面目，同时，告诉大家如何才能做出明智的选择。

城市轨道交通运营服务与管理专业：当看到"轨道交通""轨道通信""轨道信号"等字眼时，请多加注意。虽然这些专业听起来与铁路系统紧密相关，但实际上，它们大多与地铁站的日常运营服务相关。全国各地的高职高专院校，无论是公办还是民办，几乎都开设了与"城市轨道"相关的专业，但真正能提供稳定、高薪就业机会的却寥寥无几。如果您希望孩子未来能进入铁路系统工作，建议选择那些明确标注"高速铁路乘务""高速铁路检修""动车组电力维修"等字样的专业，毕业后，孩子才能有更大概率通过校招进入铁路系统。

健康工程、康复工程、康养及保健、预防医学以及中草药研发等专业：这些专业听起来非常高大上，可是，它们却与医院的直接就业需求相去甚远。孩子毕业后，很可能无法直接进入医院工作，对于专科学历的孩子来说，这会让他们的未来充满不确定性。如果您希望孩子能从事医学相关工作，为了稳妥起见，我还是推荐护理专业。通过学习和实践，孩子未来完全有可能进入当地的县城医院工作。当然，如果家庭条件允许，又有相应的资源和人脉支持，孩子也可以考虑选择医学检验、医学影像、药剂学等专业，并通过专升本等方式提升自己的学历和竞争力。

学前教育、早期教育、幼儿保育以及婴幼儿托育等专业：在这些专业中，只有学前教育专业的毕业生有机会成为幼师。而从幼儿保育、婴幼儿托育和早期教育等专业毕业后，学生一般很难进入幼儿园工作。不容忽视的还有社会大环境的改变，随着出生率的下降和幼儿园数量的减少，这些专业的就业前景也变得愈加不乐观。因此，在选择这些专业时，家长和学生需要格外谨慎考虑未来发展方向和职业规划。如果确实希望孩子从事与幼儿教育相关的工作，那么，可以通过专升本等方式提升学历和专业技能水平，同时也可以通过实习、做志愿者等方式，积累相关经验和人脉资源，为未来的职业发展打下基础。

"稳就业"专科学校和专业

在当今社会,教育路径的多元化为学生们提供了广阔的选择空间。如果孩子未能如愿考入本科,而是选择了专科,或是正准备参加高职单招考试,那么,以下的专业将是他们未来职业生涯的有力保障。不论男生女生,掌握这些专业技能后,就业前景与收入水平甚至能超越本科生。

城市建设与建筑类院校

优先选择所在省份中带有"城市建设职业技术学院""建筑职业技术学院"或"建筑职业大学"等字样的学校。孩子进入这些专业,将接受全面系统的培训。鼓励学生在校期间攻读本科文凭,以增强就业竞争力。第三年,通过校园招聘,将有极大可能进入国企、央企或大型建筑公司工作。据统计,只要孩子品学兼优,在面试中表现积极出色,被录用的概率高达80%以上。

男生可关注地铁隧道施工、桥梁施工、建筑钢结构工程技术、建筑智能楼宇技术、电梯工程技术、智能焊接技术等专业。女生则可选择工程造价、建筑设计、建筑工程管理、排水工程管理、消防工程管理以及园林园艺等专业。

医学类院校

如果孩子有志于医学领域，那么"医学职业技术学院"或"中医药高等专科学校"将是他们的理想选择。在这里，他们可以学习临床护理、老年护理、口腔医学技术、中医针灸以及医学美容技术等专业知识。特别是有志于服务农村和基层医疗卫生的孩子，可以参与学校的乡村医生计划。毕业后，他们将在农村、乡镇卫生院或县城等地工作，享受稳定的五险一金待遇。

国土资源与测绘类院校

对地质勘探、测绘等领域感兴趣的男孩子，"国土资源职业技术学院"将是他们的不二之选。石油储运、黑金冶炼、石油工程、地基测绘、地质勘查技术以及工程测量技术等专业，都有着很好的就业前景。当然，孩子在入学后，也需努力提升自己的专业技能，争取获得更高的学历文凭。在第三年校招时，积极参与选拔和面试环节，这有助于他们顺利进入相关领域工作，从而获得稳定的职业发展机会。

电力能源类

风力发电、光伏发电技术，水电站运营管理，水文与水资源管理……这些与电力紧密相关的专业，是当下社会需求旺盛的热门领域。学生可以优先考虑报考本省知名的电力职业技术学院或水利水电职业技术学院。这个专业对性别没有特别要求，只要对电力领域感兴趣都可以选择。到了第三年，学生有机会通过校园招聘进入体制内单位。

铁道交通类

铁道机车、铁道电力检修、动车组检修（适合男生）与高速铁路运营服务与管理、高速铁路乘务（适合女生）。这些专业与铁路系统紧密相连，男生可以选择技术性强、挑战性高的铁道机车与检修专业，而女生则可以在高速铁路运营与乘务领域发挥优势。报考本省铁路相关职业院校，通过系统学习与专业训练，学生可在第三年通过校园招聘进入铁路系统工作。同时，建议学生利用业余时间，攻读专套本的本科文凭，以此提升自身竞争力，获得更高的薪资水平。

石油化工类

石油储运、黑金冶炼、石油钻井、工程测量等专业，为男生提供了在能源领域大展拳脚的机会。毕业后，他们可以投身石油钻井等高薪岗位，享受正规编制与五险一金的保障。而女生则可在石化企业内从事后勤管理、文秘等工作，或选择自考本科提升自我，通过校园招聘获得稳定的工作岗位。

航海物流类

航海驾驶技术、轮机工程技术、轮船内燃机维修工程技术、远洋捕捞技术、冷链物流技术等专业，主要适合男生就读。报考船舶职业技术学院，学生将接受专业的航海技术培训。女生虽然在航海领域相对受限，但也可以关注与航海相关的物流管理、冷链物流等专业。

普通家庭背景，应该谨慎选择的专业

慎选就业压力大的专业

诸如机电机械、新能源、无人机、机器人、模具、建筑工程以及种子作物技术等专业，虽然确实具有很高的就业价值，但通常更适合男生学习，因为它们有着较高的体力要求，在就业市场上，用人单位也会更倾向于招聘男性员工。

偏就业导向专业

在中专和职高阶段，我们还要避免选择以就业为导向、难以参加对口升学考试的专业，如美容美体、美容美甲、美容美发、人物形象设计以及中西餐营养与烹饪工艺等。这些专业虽然有一定的市场需求，但可能无法为学生提供足够的升学支持。

优先选择应用型职业专业

工程造价、物流管理、物业管理、护理专业、园林园艺、学前教育、会计、特殊教育、数字媒体技术以及建筑设计等，这些专业不仅适合女孩子学习，而且还使她们有机会通过技能高考升入本科批次。即使孩子考试成绩不够理想，这些专业也能确保她们至少能够进入大专院校学习，并为未来的专升本打下基础。

无论是男孩还是女孩，在家庭资源有限、关系网络不广的背景下，以下专业请谨慎选择。

高科技与新兴领域

虚拟现实（VR）、人工智能（AI）、电子信息、通信管理及直播电商：这些专业虽然听起来十分新潮，实际上对学历层次要求极高。VR 与电子信息、AI 领域，往往需要深厚的理论基础和科研能力，通常是硕士、博士的专攻领域，主要专注于研发与创新。专科毕业生在这些领域很难找到对口的就业岗位，可能会因此面临就业难题。直播电商的实践性远超过理论学习，大多数技能都可以通过短期培训快速掌握，因此，也不建议专门将其作为专科学习的重点。

设计与策划类专业

人物形象设计、包装策划、会展策划、产品策划、中小型企业创办、工业设计：这些专业的就业面其实十分狭窄。人物形象设计需要天赋与创造力，这不是简单学习就可以掌握的；策划类工作则多要求实践经验，专科教育难以提供充足资源。中小型企业创办更是对综合能力与资源的考验，不是普通学生所能轻易驾驭的。

金融财经类专业

财务管理、金融会计、互联网金融、投资理财：这类专业高度依赖资源与人脉，对于缺乏家庭背景支持的普通孩子而言，毕业后即使从事相关工作，也只能从事底层的岗位，工作推进会感到举步维艰。投资理财更是需要本金与经验，建议普通专科毕业生尽量避免选择这类专业。

管理类专业

工商管理、国际贸易、国际商务、市场营销、企业管理：这些专业十分常见，因此容易陷入"万金油"的尴尬境地。专科教育很难深入培养管理才能，学生往往只学会了制作 PPT 等表面功夫，缺乏实际操作能力与行业洞察力，毕业后容易遭遇就业瓶颈。

教育与服务类

早期教育、医药托育、城市轨道交通与服务管理：虽然早期教育与医药托育的社会需求大，但对从业者资质要求严格，专科毕业生往往难以达到行业标准。城市轨道交通与服务管理则因其行业特殊性，竞争非常激烈，对专科毕业生来说，就业门槛过高。

有定向就业优势的专科专业

护理专业、铁路专业、水利专业、建筑专业、邮政相关专业、烟草相关专业：这些专业都是定向招聘的，有校招，比如中冶、南方电网、中国烟草、中建三局、中铁二十二局等，都是国企、央企。

不要以为这些单位离你很遥远，想都不敢想，并不是这样的，如果你读的是铁路职业技术学院、电力职业技术学院、中医药高等专科职业技术学校、烟草职业技术学院，那么，这些单位就会与学校直接对接，你就有机会参加他们的校招。

专科读到二年级下或者三年级时，这些单位就会来学校举办校招，这都是有正规编制的。此外，烟草、石油、铁路相关的专业，几乎只有专科院校才有，所以这类专业就没有办法通过专升本取得本科学历。

如果你学习的是电力类、护理类、铁路类、水利水电类、空乘、航海、电梯工程、智能焊接等这些专业，可以在进入专科院校后，同步自考本科文凭（如果本科没有设立该专业，可以报考其他专业，比如工商管理、电子商务、行政管理等），然后第三年走校招。当然，选专业还是要结合国家和市场需求，比如护理类的就选老年护理，同时可以去考些相关证书，像老年评估师资格证之类的，当下的风口是老龄化，就业市场里缺口比较大，但可能也就这么几年，所以要赶紧抓住。

几个高薪专业，早入场早受益

医学美容技术和中医针灸护理专业

在这个注重颜值的时代，医美早已不再是女性的专属领地，男性朋友们也纷纷加入这一行列，追求更完美的自己。医美行业的蓬勃发展，无疑为这些专业的学生提供了广阔的舞台。而中医针灸的魅力在于越老越吃香，甚至有机会自己开诊所，成为业界的佼佼者。至于护理专业，掌握了医理知识，在北上广深的私立医院中将大有可为，无论是口腔医师助理还是私人医院的护士，都能拥有稳定的岗位和收入。

畜牧兽医、宠物养护及动物医学技术

打开自媒体网站，你会发现养宠物的人越来越多，许多人都在网上分享自己与宠物的日常，由此可见，宠物已经成为人们生活中不可或缺的一部分。从猫粮狗粮的销售，到宠物的绝育手术，乃至更广泛的宠物服务，都蕴藏着巨大的商机。如果你对宠物充满爱心，并愿意在这个领域精耕细作，那么，未来就会充满无限可能。

对于男生而言，畜牧兽医和水产养殖专业同样值得考虑。无论是肉类还是海鲜，都是人们日常生活中不可或缺的一部分。选择这些专业，不仅可以自己创业当老板，还能为社会的饮食安全贡献力量。

电梯工程技术、地铁隧道及建筑钢结构工程技术专业

在这个基建快速发展的时代，这些专业的人才需求量巨大。特别是电梯工程技术人才，更是供不应求。随着高楼大厦的拔地而起，电梯的维护和保养将成为一项长期而艰巨的任务。而你，将成为这个领域的佼佼者，为城市的运转贡献自己的力量。

今非昔比的学前教育专业

我要对所有想就读学前教育专业的学生说：请务必三思而后行。

随着人口结构的变化，生育率的持续走低，我们不得不承认，未来的孩子可能会越来越少，学前教育行业的需求自然也会大幅下降。

幼师的薪资水平普遍偏低，这是不争的事实。除非你能有幸进入公立幼儿园，但它们对学历和综合素质的要求会更高。普通的私立幼儿园虽然对教师的入园门槛较低，但薪资可能往往不尽如人意，且工作稳定性相对较差，随时可能面临被替代的风险。

那么，面对这样的现状，我们该如何选择呢？我建议大家不妨把目光投向更具发展前景和稳定性高的专业。比如，学习护理是一个不错的选择。随着医疗行业的发展，护士的需求量一直很大，而且工作相对稳定。又或者，可以考虑学习动物医学技术，随着宠物经济的兴起，这个领域同样充满了机遇。

此外，数字媒体技术、美容技术等也是值得考虑的方向。这些专业不仅能让你掌握一门实打实的技术，还能为未来的创业之路打下坚实的基础。拥有了一技之长，你将不再担心被轻易替代，也能在工作中赢得更多的尊重与认可。

最后，对于家长们来说，如果女儿身材高挑、气质出众，那么，请不要轻易让她妥协于学前教育等看似"稳妥"的选择。相反，应该鼓励她勇敢地追求自己的梦想和目标。通过单招考试等方式，进入高速铁路乘务或空中乘务等专业学习，她将有机会成为一名高铁乘务员或空姐，享受高薪且体面的工作待遇。

幼师行业确实竞争激烈，生源减少也是不争的事实。如果已经确定了将来要从事幼师工作，那么该怎样未雨绸缪，让自己获得足够的优势呢？

记住一点，将来被刷下来的，必然是低学历的幼师专科，留下来的往往是幼师本科。

幼师类专业是一定要专升本的，而且尽量去公立幼儿园。公立幼儿园有机会获得编制，能让你的职业之路走得更稳。

女生要避开的专科专业

如果你是个女孩子，语、数、外成绩都不太理想，同时，家里条件也很普通，无法提供资源和人脉支持，那么，有很多专业你都是要尽量避开的。下面，我会给你逐类分析其中的风险。

科技金融与保险专业的挑战

科技金融领域涵盖了投资与理财以及保险等多个细分专业。对于普通家庭出身的孩子而言，如果缺乏人脉、资源和关系网络，毕业后在金融行业工作将异常艰难。毕竟，没有稳定的存款基础和客户群体，想要在竞争激烈的金融市场中脱颖而出，几乎是不可能的。除非你具备非凡的勇气和性格，敢于积极主动拓展业务，外加出色的数学能力作为支撑，才有可能在行业中占据一席之地。否则，面对当下严峻的就业形势，很可能面临毕业即失业的困境。

宽泛专业的就业迷茫

科技工程、安全工程、软件工程、市场营销、工商管理、企业管理、国际贸易及商务管理等专业，虽然看似前景广阔，然而，它们往往因为所学内容过于宽泛，容易导致学生毕业后难以找到明确的职业方向。在校期间，此类专业很难提供具体的专业技能实践，使得学生在求职市场上缺乏竞争力，甚至不知从何下手投递简历。虽然这些专业在专升本时可能相对容易录取，但本科阶段的学习仍然需要明确的职业规划，否则难以解决就业难的问题。

艺术、设计类专业的理想与现实

不少女孩子会对视觉设计、动漫设计、产品设计、会展策划及人物形象设计等专业感兴趣，然而，这类艺术设计类专业同样面临着就业挑战。因为这些专业往往过于理想化，与现实生活存在一定距离。以动漫设计为例，其目标受众可能并不具备相应的消费能力，而具备消费能力的群体又可能对这些不感兴趣，这种供需错位就导致了学生毕业后，在就业市场上难以找到合适的工作岗位。

门槛递高的教育与家政专业

在目前这个大环境下，女生在选择学前教育、小学教育、幼儿保育、婴幼儿托育及家政抚育管理等专业时，要格外慎重。随着人口出生率的下降，未来教育领域的就业机会将逐渐减少。同时，小学教育等岗位对学历的要求也越来越高，通常需要本科学历作为入职门槛。如果孩子目前的英语水平不理想，专升本的压力也较大，那么，毕业后将面临更为严峻的就业压力。此外，大专阶段的家政管理等专业，就学习内容而言，可能偏于理论化，难以满足实际工作的需求。如果孩子确实想从事相关工作，可以通过实习或勤工俭学等方式积累实践经验，可能更为务实有效。

医学与健康管理专业的局限性

虽然预防医学、老年保健、健康管理及康复工程等医学专业与人们的健康息息相关，但这并不意味着学生毕业后就能轻松进入医院工作。实际上，这些专业更多涉及科研、论文撰写及健康教育等方面，对于缺乏研究能力和实践经验的学生而言，毕业后可能无法与医学专业的高学历人才竞争。特别是预防医学，往往需要与专家、博导等高端人才合作进行科研活动，这对于初出茅庐的学生来说，无疑是一个巨大的挑战。

资产评估与文物修复专业的风险

由于资产评估及文物修复与工程管理等专业有着较强的专业性、特殊性，就业市场相对狭窄。学生毕业后，往往难以找到与专业完全匹配的工作岗位。因此，在选择这些专业时，也需要格外谨慎，综合考虑个人的兴趣、能力及职业规划等因素。

男生报考指南：单招考试王牌专业

（注：以下提到的各类专业，并非只有男生可以报考。虽然我更推荐男生报考，但女孩子也可以尝试。）

选择专科特有的专业

在挑选专业时，建议优先考虑在本科教育中相对较少或还未设置的专业。这类专业在专科层次中往往具有较高的专业性和技术性，能够成为专科生的就业"撒手锏"。因此，专科生不应再选择类似国际贸易、工商管理、市场营销、人力资源管理等管理类及计算机、临床医学等专业，而是要多关注电梯工程技术、智能焊接技术、园林园艺技术、地铁隧道桥梁施工技术、给排水工程技术、城市燃气热力、畜牧兽医、动物医学技术等专业。掌握这些专业技能后，学生有可能在就业市场中脱颖而出。

专科生的就业优势

选择上述专科特有专业后，专科生将有机会成为行业内的"香饽饽"。以电梯工程技术为例，随着城市化进程的加快，电梯的维护与安装需求日益增长，而具备专业技术的专科生将成为市场上的稀缺资源。同样，畜牧兽医、园林园艺等专业虽然看似冷门，其实社会需求也是稳中有升，在这些领域中，学生同样能够找到收入可观的工作。

新兴与特色专业的潜力

此外，还有一些新兴及特色专业值得关注，如新能源技术、光伏发电技术、风力发电技术等，这些专业顺应了国家绿色发展的战略需求，未来就业前景广阔。特别是光伏发电和风力发电专业，毕业生有机会进入央企、国企工作，享受更为优厚的福利待遇。而男生对于护理专业而言更是稀缺资源，男护士在医疗领域具有独特的优势，就业前景看好。

其他值得考虑的专业

此外，中医针灸、航海驾驶技术、水产养殖技术、远洋捕捞技术、轮机工程技术及康复治疗技术等专业同样具备较高的就业价值。航海类专业包括航海驾驶技术和轮机工程技术，对学历要求不高，更注重实践经验和技能掌握，适合普通家庭背景的学生选择。而水产养殖和畜牧兽医等农业类专业，也有着稳定的市场需求和广阔的盈利空间。

最后要强调的是，单招生与高考生不同，进入大学后是无法更换专业的。因此，在选择专业时，一定要慎重考虑自己的兴趣和未来的职业规划。不要盲目追求热门专业或跟风选择，而是要根据自己的实际情况和兴趣爱好来选择适合的专业。

男生如何根据语、数、英成绩选专业

语文、数学、英语都弱

1.模具加工与制作：这个专业不涉及物理原理和数学计算，就是学习如何做好一个模型，现在比较热门的3D打印技术也在这个专业范围内。模具专业学好了，将来可以进工厂做技术员。这个技术也在不断更新迭代，在工厂里只要肯钻研、肯用功，就可以一路往车间主任发展。

2.数控技术：这个专业主要是操作机床，不参与研发，但工资不低。

3.工业机器人：这个专业主要是学习如何操作和维护工业机器人，现在工厂里机器人的使用很广泛，几乎覆盖了生产链的方方面面。比如生产汽车的公司，有一排机器人在扭螺丝、装轮胎、装主板。工业机器人的广泛应用背后，也需要有人维护和管理，毕竟机器人再像人也不是人，它需要有人管理、操作。做研发的人是不可能过来实际操作机器人的，这就需要蓝领技术工人来协助组装。

4.建筑工程施工：这个专业的范围很宽泛，不仅包括修房子，还包括修桥、修路、消防设施、电梯维护、园林园艺。但需要注意的是，中考和高考后，孩子选择就读的学校和专业方向是不完全相同的。土木工程专业通常是本科阶段的选择，本科专业的学习更注重理论和管理能力的培养，如果想要在土木工程领域从事管理岗位，通常需要具备较高的学历。

但是，如果孩子中考成绩不理想，考大学的机会也很渺茫，那么，与其在报考大专时选择土木工程，不如在中考后就直接选择中专或职高的建筑工程施工专业，因为这些学校不仅提供文化课程的学习，如语文、数学、英语，还有实训实习机会，让学生能够在学校内学习建筑相关的基础知识。对于男生，我尤其建议利用十一长假以及寒暑假的时间，尽量到工地去实习。只有与农民工一起工作、生活，才能更深入地了解这个行业的艰辛，从而激发学习的动力，培养坚韧不拔的意志力。这种实践经验对于提升专业技能知识非常有益，同时也能让孩子在赚钱的同时，培养对行业的热爱和敬畏。

另外，建筑工程施工对从业者的要求比较特别：第一点，需要脑瓜子灵活，动手能力强；第二点，孩子得有一些"匪气"，乖宝宝是不适合学的。恰恰是那些喜欢跟老师对着干、胆子很大的孩子，如果让他们去学建筑工程，反而可能人尽其才、物尽其用。一个凡事都听老师、家长话的孩子，如果让他跟包工头打交道、跟沙坝打交道，十有八九要吃亏的。建筑工程这个专业是要跟工地打交道的，得会抹灰、上脚手架、搞钢筋混凝土。需要孩子身体素质好，不怕风吹日晒，灵活肯干，如果肯踏踏实实学好这个专业，将来不愁前途。

语文、英语好，数学弱

1.陶瓷工艺技术：江西省的学生可以特别留意一下这个专业。中国是瓷器之国，有着悠久的瓷器制作传统，至今依然不过时。另外，全世界人民都很喜欢中国瓷器，像英国、法国，过去只有贵族才能使用。这个专业是纯手工的，跟电路、机械、电子都没关系，这就规避了数学不好的问题。外国人认中国的陶瓷，中国人则认江西的陶瓷，尤其这是关乎民生的技术，市场需求巨大。学好这门专业后，将来可以先进加工厂学习，等熟悉了工厂运营规则，也积累了一定的人脉和资源，完全可以自己成立一个小公司，做一些高端精致的陶瓷精品，然后销售到日本、韩国以及欧美地区的国家，这个投资回报比是非常大的。

为什么我说英语好的男孩子适合这个专业呢？因为陶瓷工艺适合做外贸生意，在国内做陶瓷工业的话，别人只会比你更专业、更产业化。但是，你还有一个优势，就是英语好，可以直接对接国外市场，这时候，你就不再只是工人的定位了。

你可以去公办的中专或职高读这个专业，选择"3+3"对口升学班，通过技能高考提升学历，大专和本科都可以考，这个专业读本科是为了进入管理层。但在我看来，与其拼学历，不如把英语学好，这样才能发挥出这个专业最大的优势。

2. 现代营养烹饪与工艺专业：如果孩子对烹饪有兴趣，那么厨师是一个非常好的职业选择。厨师行业是一个永远不会过时的行业，因为"民以食为天"。现代社会，人们对美食的追求越来越高，尤其是现炒的菜肴，而非预制菜。这意味着厨师行业的需求将持续增长。随着"70后""80后"的老去，这个行业将面临人才断层。因此，对于那些条件一般，学业成绩并不突出的孩子来说，选择学习厨师，无疑既实际又有前景。

或许有人觉得做厨师有些不够光鲜，但请想一想，即使你考上了本科，读市场营销专业，毕业后也可能找不到满意的工作。可是，如果选择进入技校学习现代烹饪与营养专业，经过三年的学习，通过技能高考考取大专学历，六年后，你不仅掌握了烹饪技能，还有着丰富的营养学知识。虽然不能直接考本科，但这条道路同样充满机会。只要有过硬的烹饪技艺，你就有机会在饭店或酒店里做一名厨师，也可以自己或与人合伙开饭店。

数学好，语文、英语弱

无人机应用、会计、工程造价以及计算机专业，这些领域都对数学和理工科能力有较高要求。以无人机为例，它涉及研发、制造以及操控等多个层面。对于未能通过中考进入普高的学生来说，直接投身无人机的研发工作可能并不太适合，因为研发需要深厚的理论基础和专业技术。然而，这并不意味着不能涉足无人机领域，可以从无人机操作开始，积累经验和技能，为未来的职业发展打下基础。

　　每个人的学习情况和兴趣爱好都有所不同。有的学生可能在语文和英语上表现一般，但在数学上却表现出色，对于这样的学生来说，如果他们对无人机领域有浓厚的兴趣，并且愿意付出努力去学习，那么完全有可能在无人机领域取得优异的成绩。反之，如果学生的数学基础薄弱，那么即使他们对无人机有浓厚的兴趣，也可能因为学习难度过大而无法取得好的学习效果。

不参加中考，一定注意避开五个雷区

雷区一：航空航天专业

航空航天类专业分为两个档次，第一档里又可以分为两个专业，其中一个是学习民航驾驶，这个专业有几个硬性要求：1. 年龄在 23 周岁以上；2. 理工科专业的全日制统招本科学历；3. 英语至少达到六级；4. 政治面貌为共产党员。另一个是机务，包括飞机维修、飞机软件信号维修、飞机通信技术。招生要求与民航驾驶差不多，学历、英语水平、专业要求都比较严格。这两个可以算是航空里的高配专业，归为第一档。

第二档就是航空服务，我们熟悉的空乘和地勤就属于这一类。先说空乘专业，想做空姐、空少的，只有两个途径，第一个是与艺考生一样，参加美术高考，可以读个二本，最差也要读个民办二本，然后去做民航的空乘人员。第二条途径就是参加高考，成绩在 300 分以上，女生身高达到 163 厘米以上，可以通过读专科类院校成为空姐。

有人曾经来咨询，如果孩子没有参加中考，可不可以直接去读航空学校。要回答这个问题，我们先回想一下自己的乘机经历。经常坐飞机的人肯定注意到，机场里有各式各样的工作人员，有忙着整理推车的，有打扫卫生的，有行李托运的，还有门口做安保的。这些人可不是航空公司的正式员工，而是劳务派遣工，如果孩子没有学历，去读民办航空学校，学校会承诺保就业，是不是听着很不错？但这个保就业可能还不如劳务派遣，这就是我要说的雷区所在。

我们来解析一下：一些所谓的"航空学校"，在孩子入学后，会以实习的名义，让孩子去机场打工，一打就打五年的工，但凡孩子不参加实习，学校就以不发毕业证相要挟，等于把孩子箍在里面了。为什么说连劳务派遣都不如呢？比如说，一个人通过劳务公司找到了机场地勤的工作，一个月能够实实在在拿到4000元工资。可是，学校与学生签订就业协议后，就只是实习而已，每个月只能拿到500元实习补贴，但他本身创造的价值与劳务公司的地勤是一样的。而家长却还在支付每学期几万元的学费。

孩子去机场打杂，实质上就是从学技术转为做服务业，学不到任何东西。对于普通家庭的孩子，我一直强调要多学技术，否则既没有学历，又学不到技术，还得去机场卖服务，是不是血亏？

你以为这就完了？还没呢。毕业前的两年，学校又撺掇家长，让孩子提升下学历，读一个全日制本科助学班，一年再收1.5万元学费。其实，如果在市场上报这样的班，一年只要2000元。所以，民办航空学校的猫腻，家长们一定要提前了解清楚，果断避雷。

其实，无论是驾驶飞机还是维修飞机，都是非常严肃的事情，飞机承载着千万生命，必须有过硬的专业技术做支撑。如果孩子连中考都不参加，就想去学开飞机，去从事与航空相关的工作，不仅是对自身不负责任，也是对国家和老百姓不负责任。

雷区二："带"铁道""铁路"字样的专业

孩子不参加中考，可以去读铁路学校吗？我先来说一下正规铁路类院校是怎样的要求，一般来说，只要带有"铁"字，就是与国家铁路局相关，比如武汉铁路职业技术学院、南京铁路职业技术学院、郑州铁路职业技术学院、柳州铁道高速职业技术学院、长沙高速铁路职业技术学院等。这些学校虽然从批次上来说是公办的高职高专，但依然要至少超过高考本科录取分数线20分才能就读。所以，即使是专科，也是专科里的高配专业。所以，孩子高考考300多分都读不到的铁路学校，凭什么不参加中考就可以去读？

非正规"铁"字专业院校和民办航空学校一样，都是保就业，无非就是从机场换成了火车站，也是一样签订就业协议，让孩子去做勤杂工或者当保安。

我们要务实一点，只要是带"铁道""轨道""铁路"字样的学校，没有参加过中考的孩子就不要去读了。

雷区三："就业班"

继续教育类的培训班如果开设在中专、职高里面，就叫作就业班。为什么这样的班不能去读？这里涉及就业背景，我给大家简单介绍一下：现在有些地方的工厂，如果正经招一个工人，基本工资是7000元，还要包吃包住，上五险一金。那么，对于厂方来说，这样的条件招一个成年人去做工，不但要付酬劳，还不太容易驾驭。可是，招一个学生来就不一样了，不仅有体力、有精力，还对社保之类的没有概念，家里父母认知水平也不太高，无论是人工成本还是管理，都比招一个成人划算、容易得多。

因此，这类就业班也是打着保就业的旗号，把孩子吸引到中专、职高里面，假模假样先参加个军训，学习两个月之后，就说要实习了，理由是你是学技术的，光学理论不行，一定要参加实训。

家长和孩子听说能立刻安排实习学技术，都觉得挺好，可是最后发现就是给工厂打工，每月发几百块钱补贴，但每天做工却要将近12小时。孩子敢反抗吗？不敢的，因为毕业证还在学校手里压着呢。

除了这种中专、职高的"就业班"，我们还经常会在一些商务楼的窗户上看到贴着"学电脑""学软件""编程培训""电子商务"之类的招生广告,这种学校的办学性质不属于中专、技校,而是类似于早教培训、幼儿托育机构、跆拳道道馆、舞蹈馆之类的。比如说,我投资50万元,注册一个公司,然后,我把某商务楼里的三层楼整体租下来,第一层楼当教室,第二层楼是办公室加食堂,第三层楼做宿舍。如果地方够大,可以容纳500人,那就对外招500个学生,每个学生收4万元,就让他们在里面读书,我号称可以保就业、保学历,真的会吸引到很多家长前来报名。

说好的保就业,其实就是安排学生去当外包的网络维护,或者干脆就是打杂。至于所谓的提升学历,无非就是去读个成人教育,而且还漫天要价。

有些家长还是有一定警惕性的,会在招生的时候问是否可以参加对口升学或者高职单招考试,校方会许诺说可以。结果,到了第三年,发现根本不能参加,再去问学校,学校就会说:因为你的户口没有迁过来,所以不能参加。他们借此倒打一耙,反说家长没文化、没知识,导致家长还为此自责不已。这时候他们继续忽悠,说孩子不能不读书吧,参加他们的自考,读了成人本科后,就可以考公务员、考研究生了,家长就又被骗进去了。

雷区四:法学、警务专业

以下提到的法学、警务和口腔医学专业都对成绩有很高的要求,如果学习成绩差,中考无法参加,却想着读这样的专业,大概率是会被骗的。

法学专业的就业方向主要有四条路走,第一条路是做法官、检察长。如果你想当法官或者检察长,硬性条件是很多的:1.法学专业传统上属于文科招生范畴,但部分综合性大学在法学专业也接受理科生的报考,比如,中国政法大学、中国人民大学等知名院校,文理科均有招生计划,但总体上依然以招收文科生为主。对于新高考的省份,少数顶尖院校要求选择政治或者历史才能报考法学专业。2.顶尖的法学院校,需要在600分以上。重点综合性大学，需要在 580 分以上；普通一本及二本院校，分数线需要达到本身的一本或二本线以上。3.学历要求法学硕士或博士研究生。4.博士毕业后，要参加法学相关的公务员考试。

第二条路，成为律师，进入法律服务机构从事律师，进行合同拟定、法律咨询、诉讼处理等工作。或者进入企业，成为企业的法务。

第三条路就是直接考公务员。

第四条路，因为法学学生需要着重掌握马克思主义基本理论，熟悉我国法律和党的相关政策，也可以寻找机会成为高中政治老师。

警务专业就很直接，需要考警校。警务专业是提前批，这意味着得先过本省的一本投档线，然后要政审合格、身体素质合格、自身思想条件比较好。只有同时满足这些条件，才能进入某某警官学院、某某警察学校学习。四年之后，还得去考警校的编制，接着还要培训两年。也就是说，六年之后才有资格被分配到某个辖区派出所当一名民警。

无论你想成为一名法官，还是准备去警校学习，女生不能低于 163 厘米，男生不能低于 173 厘米，这也是一条硬性要求。

雷区五：口腔医学专业

口腔医学专业的就业方向主要是牙医，我特别提醒云南、贵州、浙江这三个省份的学生，尽量不要去读这个专业。

想要成为一名牙科医生，首先得读高中，而且得选理科，学习物理、化学、生物。然后，高考成绩至少得过一本投档线，因为在医学类专业中，分数线排前三名的理科专业是临床、口腔、麻醉。

口腔医学属于临床医学大类里面的口腔分支科目，要先学五年的口腔医学本科，研究生阶段要再读三年学术型硕士，这就已经八年了。硕士毕业后，继续读博士，最少也要读三年，因为博士是要求在省部级核心期刊发表论文的，这就需要打磨的时间。

口腔医学专业起码也是在本科里面，正经的中专和职高是不会开设口腔医学专业的，只有一些"野鸡"学校或者私立医院的诊所开设口腔医学培训，培训完就让学生到口腔诊所里，帮医生打杂，递钳子、接漱口水，但极少能从事技能方面的工作。

数学弱，如何规划专业选择

只有天赋异禀，没有好差之分

相信对于很多孩子来说，数学真的是一门让人头疼的学科，很多学生语文和英语都很好，一遇到数学就"抓瞎"了。

我想告诉你，数学不好的学生并不是智力有什么问题，甚至很多时候并不是孩子不努力，而是每个人的天赋不一样。

如果孩子语文和英语都可以考 100 ～ 120 分，数学却始终只能考四五十分，那就不能说是孩子不爱学习，很可能他已经很努力了，毕竟英语要天天背单词，语文也有大量背诵、理解的内容。可是，为什么数学只能考这么点分数？这就代表孩子确实对数学没有悟性、缺乏天赋。尤其是女孩子，感性思维天生比逻辑推理思维强，你不能说她不努力，如果她英语、语文、数学都只考 20 多分，那确实是不够努力。但数学不好，其他科目成绩好，那就多半与基因有关。

这不是我胡诌的，而是请教了一位耶鲁大学的脑科学博士后，他给出的科学解释——遗传基因导致每个人大脑发育不同，表现出来的天赋也各有差异。所以，在我眼里，没有所谓的差生，只有天赋各异的孩子。

如何扬长避短，数学不好也能实现逆袭

对于偏科的孩子，先记住我说的四个字——扬长避短，尽可能规避掉你不擅长的科目，集中所有精力把优势科目发挥到极致。我自己就是一个活生生的案例。想当年，我勉强踩线考上了高中，进入高中后我选了文科，学的是政治、历史、地理，其实这几门课我认为还挺简单的，只要肯花时间死记硬背就行。可是，我数学只考了二三十分，英语又不好，我就改学了日语。后来，我的日语在高考中考了130多分，我就靠这门提分读到了本科。在本科阶段，我又通过考日语考上了研究生，而我当时选的专业，在考研时是不考数学的。

我当年就是老师、同学眼里的"差生"，所以，我太清楚该怎么让自己扬长避短。如果英语成绩本来就比较好的孩子，只是数学不好的话，完全可以用同样的办法让自己实现逆袭。

数学成绩不好的孩子，可以不读高中，在中专、职高里不选机电一体化、新能源汽修、无人机应用、财务管理、建筑工程这类理工科的专业。对于这一类孩子，我建议直接学英语专业、建筑设计专业、旅游管理专业和特殊教育专业。

接下来，我来逐个分析这几个专业的特色和规划。

英语专业——提升学历的利器

为什么推荐学英语专业？如果孩子家庭条件比较一般，因为数学很差，只能去读中专或职高，可是在这些学校里面基本上是工科类的项目，比如机械机电、建筑工程技术等等，主要偏实际操作。数学不好的孩子，大概率在理工科方面的动手能力不会太强，因为机械原理之类的很难搞懂。

这时候，我们就要扬长避短，把孩子的英语优势充分发挥出来，通过英

语去专升本、去考研。优先去读公办高职高专的"3+2"五年一贯制，或者去读三二分段。英语专业分为三大类：商务英语、旅游英语、应用英语。

先读三年中专部，再读两年大专。到了第五年的时候，争取考过英语六级，这样就可以通过专升本考本科，选择学前教育、小学教育之类的专业。毕业后，就有机会做老师。当然，也可以继续深造，去考研究生。

参加高考，要备考的科目很多，包括语文、数学、英语、政治、历史、地理、物理、化学、生物。我们现在就是化繁为简，只全力备考必考科目，并在英语上多花工夫。这条路就比孩子去读普通高中或者私立高中，再去卷自己不擅长的科目要强多了。所以，孩子只要把英语学好，不走高考这条路，换赛道走专升本，也可以去读本科、去考研。我们能够获得高学历的途径，不仅高考这一座独木桥。

英语专业如何就业

选择一：英语老师

第一条路是做英语老师，这个要根据学历来看，比如拿的是英语大专文凭，那就可以去幼儿园当英语老师；读到本科之后，就能到小学当英语老师；如果有硕士研究生学历，那做大专英语老师也不是不可能。要是孩子有能力继续攻读博士学位，那就可以有机会到本科院校去当个老师。千万不要小瞧一个连普高都没有考上的中专生，他们照样可以读到博士学位。

我们一定要打破对传统英语老师的概念，现在有很多新兴职业，比如早期英语教育方向就很不错，以后可以当幼儿英语老师，这个就业方向不在幼儿园，而是在早教机构。还有一种职业叫英语家政，很多高收入家庭会请这样的老师，类似于英语家教，工资也很高，市场潜力很大。随着老百姓生活水平越来越高，家长对孩子教育的投入也越来越大，很多高知家庭的父母很清楚，语感要从小培养，而且要场景化，这就使得英语老师的就业市场进一步拓宽。

选择二：英语导游

有人就要问了：我不想做英语老师怎么办？那就可以走第二条路，做英语导游。平时如果是带老年团，用汉语讲解的话，一天累死累活可能也就挣200元。可是，如果是老外观光团来参观秦始皇兵马俑、黄鹤楼之类的，你用一口流利的英语做讲解，可能就是1小时300元的酬劳了。如果你是本科生，可以去考文化和旅游局，做国际处的公务员。

选择三：英语商贸

第三条路是商务英语，做英语世界的外贸生意，这就要看你个人的英语能力了，本科、专科都可以。别人做直播带货只能立足于当地某个城市，你不一样，英语好的话，就可以不受地域的限制，到国外去谈生意。别人技术再厉害，不懂英语怎么接收国际信息？你就可以。所以英语是非常关键的。当然，你也可以去考商务局、外贸局的公务员，做对外物资采购的相关工作，这类职位申请的前提是要本科学历。如果你是专科的话，可以到私企里面去做商务翻译等。

英语专业能力的提升需要脚踏实地慢慢积累，不是速成的。它不像机电机械，你在外面拜个师傅，如果自己悟性高的话，技术可以短期速成。英语不存在天分，你不记单词，再聪明、再机灵也学不好。但是，只要学习态度好，就会一分耕耘一分回报。

成绩不好，爱画画？选建筑设计专业

数学不好的孩子不适合学建筑工程，但是可以学建筑设计，是不是很奇怪？建筑设计与建筑工程其实不是一回事儿。有些孩子成绩很糟糕，但是在画画上却特别有天分，然而中专和职高里面又没有画画这个专业，在这种情况下，可以选择建筑设计。所谓建筑设计是要用CAD绘图纸的，这就非常需要画画功底。很多美术艺考生读到本科之后，也要先夯实绘画基本功。建筑设计专业如果能读到本科，就可以考公务员，到当地的建设局、规划局、设计院、城乡建设委员会之类的单位去工作。

如果选择去私企工作，专科学历就够了，可以做室内装修设计。如果孩子积累了一定的社会资源和人脉，甚至可以自己当老板，当然前提是自己得把建筑设计学好了。建筑设计不单单是修修房子这么简单，还可以修桥、修路、修公共建筑物。很多人有个人认知差异，以为建筑的范围仅限于住宅，现在房地产业这么不景气，以后会不会没业务可接？大家要把眼界打开，放眼到整个市政建设，它的业务范围很广泛，包括室内设计、室外设计，公共建筑、私人建筑。

这个专业不分男女，都可以学。如果孩子只是对画画感兴趣，没有正儿八经地学过美术，同样可以读，它不需要达到美术生那么专业的水平。这个专业在职高和中专里都有，有些可能不叫建筑设计，也可能分得比较细，比如：室内建筑设计、建筑装饰、智慧楼宇技术、环境艺术设计、园林设计、园林工程技术。另外，因为建筑设计属于设计类专业，像食品加工与检验设计和食品产品包装设计这两个专业也可以读。

80% 的中专和职校都有设计类专业，学历提升路径就是读职高、大专或本科，但这类专业偏重应用性，所以我不建议再去考研究生。我经常遇到家长来问，说孩子读了研究生，为什么仍然很难在高校当老师，这就好比以为本科生都可以进体制内当公务员是一个道理。

我确实说过，孩子如果有能力考硕士、考博士，就可以有机会在高校找到工作，但高校的岗位有很多种，以老师为例，一般分为两大类，一类是教学，一类是行政。如果是学工程造价、环境艺术、经济管理的，这些专业基本上在大专里面都有，那么孩子就可以去当学科专业老师。如果孩子是学行政管理、工商管理、音乐教育、美术教育的，虽然说当不了学科类的老师，但只要有足够的学历支撑，还是可以去做行政，比如当班主任、辅导员，也可以做后勤保障人员。

医院里也是一样的情况，在医院里面工作的人不一定都是学临床医学的，像后勤部、财务部、人事处等，可能就是会计专业、统计专业、人力资源专业毕业去应聘的。不要小看了一个单位的后勤部门，任何一个单位，它的专业人员再多，总是有一个后勤部门，招聘的岗位也是五花八门的。

设计类的专业偏技术应用，学成以后，在就业时肯定会起到很大的作用，即使不做老师，也不愁没有社会需求。

与其学市场营销，不如读旅游管理

有些孩子数学不好，但是不代表他口才不好，我接触过那种情商特别高、脑瓜子转得特别快的孩子，数学成绩简直惨不忍睹。像这类孩子，不必强迫他再去补数学了，他们就是社会上很会获取人脉资源的那类人。

有些家长就问，孩子脑瓜子灵、嘴又会说，是不是适合读市场营销？因为在我们的传统观念里，做销售的不就是靠一张嘴吗？从我个人来说，我不是很看好市场营销。什么是市场？什么是营销？拓宽销售渠道其实很难。

相比之下，旅游管理就简单多了，旅游消费的主力军有两类人群：00后和老年人。00后崇尚现金为王、享受当下。70后、80后只要手上还有点钱，就会想着赶快贷款买房子，但是，00后们不这么想，他们不买房、不买车，把钱全部留下来，用旅游充实自己的生活。退休人群也带动了旅游消费，现在每年退休人数有两三千万人，有大把的时间可以自己安排，旅游已经是他们生活的重要组成部分。

旅游业的发达就意味着工作岗位的增加，读旅游管理并不意味着出来只能做导游，其实有很多细分。

酒店旅游管理：酒店前台、大堂经理、酒店客服、酒店运营等。

烹饪营养与工艺：酒店、游轮、度假村的餐饮服务和运营等。

乘务：飞机、高铁、游轮上的服务和运营者等。

导游：可以隶属于某个旅游公司，也可以自己带团，做私人旅游路线的定制等工作。

特殊教育专业，适合有耐心的女孩

有很多女孩想当老师，但老师的门槛比较高，有不少硬性要求。如果文科成绩一般，数学又很弱的孩子，很难取得本科学历，这种情况下，我就建议可以去特殊教育学校当一名老师。特殊教育学校主要是盲、聋、哑、自闭症、唐氏综合征的孩子聚集的地方，对教师的学历要求相对低一点，但也隶属于教育局管理，工资待遇和福利与小学老师基本持平。

特殊教育专业在中专和职高里都有设立，我建议尽量去读三二分段，因为读三年制的话，不一定考得上大专。读三二分段，到了第五年直接去考本科，考得上最好，考不上至少也能有专科文凭。

值得提醒的是，特殊教育学校对老师的性格有一定要求，需要有足够的耐心，就业竞争不会很激烈，对于学历所设置的门槛是大专。

找准实用专业，
未来稳就业

专业推荐指南 1：
护理（本科）专业的条件和愿景

适考人群：男女不限（男孩更占优势），高考 400～450 分，家庭经济条件一般。

报考基础：以就业为导向，对医学类专业感兴趣，但达不到口腔医学、临床医学的分数线，第一学历不是 211、985 高校，也不想继续读研、读博。

身体要求：女生身高不低于 158 厘米，男生身高不低于 168 厘米；不能色盲、色弱。

就业优势：随着老龄化的到来，人们对医疗保健的需求将持续增长，身体护理是刚需。护理专业牢牢抓住了供需关系的主动权，利他又利己，专业价值度高。

发展路径：本科护理专业毕业的学生，至少可以选择地级市的医院，最高可以做到护士长。当然，也可以转医院的行政岗，比如工会、社工部、财务部、后勤部、党建部等。

教育投资也是要讲投资回报比的，我优先建议普通家庭的孩子选择护理专业。本科的护理专业在医院里面是高配专业，作为一个有本科学历的护士，在同济、协和这样的三甲医院里，就可以拿到正规编制，一个月的工资可以有 1 万元左右。

有很多家长对我说，护理又苦又累，社会地位不高，赚的也不多。这是因为他们的认知有局限。再苦再累，至少是一份稳定又安全的工作，家长首先就不能眼高手低。任何工作都是讲究经验积累的，医院工作尤其如此，说句实在话，孩子在外面找份看似体面的文员工作，五年后说裁员就裁员了，简历上能留下点什么呢？但如果是在公立医院做护士，五年后，她就会有丰富的护理经验，任何医院都不会小看她。更何况，现在已经进入医疗智能化时代了，护理手段都是配备高科技仪器的，护理人员基本都是借助仪器来进行监测。

另外，男孩也很适合学护理专业，以前男护士更偏向于出体力，比如抬病人、搬病床之类的工作，但是，现在已经更倾向于技术化护理，这是不是意味着男护士的地位提升了？以前男护士只出体力，现在是又出体力又出技术。其实，从促进医院正态平衡发展的角度来看，对男护士的实际需求也是很大的，比如有一些病人是男性，就需要男护士来进行护理。所以，男护士也正在成为医院护理工作的中流砥柱。

我们还要搞清楚一个概念，那就是不存在"老年护理"这样的职业。那有没有"老年护理"呢？有，在福利院或者私人办的养老机构里有，那种对学历什么的都没有要求，工作起来也不够专业，我不建议年轻人刚毕业去那里工作，说得好听点是"老年护理"，其实跟打杂工没啥区别。

所以，我更加建议读临床护士学，毕业后可以进正规医院当护士。

专业推荐指南 2：
填报护理（专科）的途径和建议

适考人群：考不上高中的女孩，数学成绩糟糕，家庭经济条件一般。

身高要求：女生 155 厘米以上。

为什么护理专业适合女孩

如果孩子工作了几年，可以根据自身情况调整工作，比如去做美容医师、宠物医生、口腔医师助理。医理知识都是相关的，很多美容整形医生都是护理转过去的，关键就在于护理专业是技术岗位。如果我们把护理专业比作英语的 26 个字母，那么，医美就是一个单词，口腔护理又是一个单词，但前提是得先有 26 个字母打底，才能拼出不同的单词。

我不建议女孩子中考以后直接去学宠物医学、医美护理、针灸推拿之类的。大家要牢记，护理专业是其他衍生专业的基础，如果最开始学的是宠物医学的话，以后是没法转成护士的，但护士是可以转行去做宠物医生的。孩子在填报专业时，一定要注意不能把未来的发展方向限定死，一开始学的是护理专业，将来才能有转圜的余地。

数学成绩可以作为判断孩子是否需要换赛道的风向标，如果满分是 120

分的话，70 分是个临界点。如果数学不好，一定要学会提前换赛道，例如在本地找一个公办的卫校，读五年制"3+2"的护理专业。为什么要在本地读？在本地读卫校的话，父母可以做好女儿的后勤保障，安全系数也更高。

为什么要读"3+2"

首先，前三年的学习是免费的，这笔费用可以节省下来。其次，护理专业是专科里面的高配专业。如果选择读三年卫校，而孩子本身基础比较差的话，想在第三年参加高考，考护理的大专或者本科是非常难的。"3+2"的后两年学费与公办大专一年学费持平，基本上在 4000 元左右，五年学习期满就大专毕业了。孩子可以在第五年的时候参加专升本考试，如果考不上本科，就直接考个专套本，再考个护士资格从业证。有了这几个证书，可以在县社区医院或者县一级的人民医院工作，或者到私立医院里面做助理护理，就业前景还是很不错的。

卫校环境相对单纯，学生中女性占绝大多数，这样的环境有助于减少女生与不良社会风气的接触，降低早恋等风险。在这样一个相对安全、专注的学习氛围中，女生能够更加专注于护理专业知识的学习和技能的提升。

最后，也是最核心的一点，护理专业就业前景广阔。随着人口老龄化的加剧，社会对护理人才的需求日益增长。女生毕业后，凭借其在卫校所学的专业技能和实习经验，很容易在公立医院等医疗机构找到一份稳定的工作。相较于其他行业的不确定性，护理工作虽然辛苦，但至少在工作环境和待遇上都有一定的保障。

专业推荐指南 3：
电梯工程技术专业（本科和大专）

适合对象：男生，高考分数低于 400 分。

现在的年轻人很容易被自媒体误导，以为一些热门行业，比如网红、主播等更容易获得财富和成功。他们因此变得好高骛远，缺乏脚踏实地的沉稳劲儿。这样的男孩子就很适合读此专业，非常务实，不浮夸。

专业选择的背景分析

我先从大环境来说，中国现在可以说是世界上高层建筑最多的国家之一，这就意味着，越来越多的住宅项目都在使用电梯，电梯维护已成了物业管理的重中之重。对于物业公司老板或者开发商来说，小区安全有缺漏，垃圾分类没做到位，这些都还可以补救。可是，如果电梯坏了，碰巧又有老人被困在里面，甚至发生事故，那就会成为大事。电梯就像一个人的心脏，关系着整栋楼层的运转，甚至关乎楼盘的信誉。而且，电梯维护不容易过时，不像电商、直播带货，可能一阵风吹过，红利期就过去了。清楚了这个大背景，你是不是也开始感觉到电梯维修的职业发展前景广阔了？

就业前景和发展空间

电梯工程技术专业属于机械技术类专业，将来的就业方向主要是物业公司，很多物业公司都是国企，进去后可以争取到正规编制。最重要的是，你的专业是物业管理中最核心的部分，与收电费、搞水表、物业管理、修树栽花完全不一样，物业老板也要高看你一眼。因为只要电梯一坏，马上就要找你，虽然任务重、责任大，但核心岗位意味着收入也高。

除了进物业公司，还可以自己跑业务，成立一个电梯维修队，同时还可以卖电梯。你可以跟开发商去谈，比如这个小区有八栋楼，就提出电梯业务都外包给你，有问题就找你。只要脑子够灵活，就与对方签个协议，三个月的质保期，只要电梯有问题，你来安排人维修、维保。等业务做到一定规模，你就可以自己开一个电梯公司了。

当然，饭还是得一口一口吃，前景很美好，刚开始还是要先从修电梯做起。你穿梭于各个小区楼盘，三年一小修、五年一维护，八年就差不多该换电梯了。时间久了，你与置业公司、开发商都有了信任基础，他们都很相信你，就不会轻易换人，毕竟涉及安全的问题，都是做熟不做生的。你只要能深耕这个专业，把电梯工程做出口碑，拿下周边小区的电梯维修业务，日子就可以过得很滋润了。

干技术的人，很容易把自己仅仅定位为一个维修工、技术工，其实并不是这样的。要想办法把它转换成商业模式，当成一个事业去做。只要肯持之以恒，技术和口碑就会不断更新迭代。当然，你说你没有什么雄心壮志，那也没关系，只要能把电梯维护好，最差也能有份稳定的维保工作。如果有份事业心，自己积极主动一点，就可以被物业公司收编，收入也不错。中国是基建大国，有这么多房子需要人去维护，行业需求巨大。我们不说普通居民楼，还有很多联排别墅、独栋别墅，内部都有私家电梯，安装、维护至少十几万元。你掌握了这门技术，根本不用担心资源。你在靠辛勤劳动获得报酬的同时，也能收获他人的尊重。

电梯工程技术专业也不必追求专升本。不过我建议女孩子就不要选这个专业了，一来毕竟是体力活，二来女孩子去修电梯，业主容易产生不信任感。这个专业对英语、数学等没有任何要求，适合分数较低的学生去选。

专业推荐指南 4：民用航空飞行员（本科）

在飞行员这一职业分支上，空军飞行员和民航飞行员各有千秋。空军飞行员由国家培养，享受公费待遇，驾驶的是国之重器，如苏 –35、歼 –10 等战斗机；而民航飞行员则需自费学习，虽然经济压力较大，但一旦成功，同样能够享受到飞行的乐趣与职业成就感。民航飞行员与空军飞行员一样，对申请者的综合素质也有着极高的要求。

民用航空飞行员主要负责驾驶商用航班，确保乘客和机组人员的安全，因此，其选拔和培训过程都极其严格和精细。

学历门槛较高，对于想要进入航空学院学习民航驾驶技术的学生来说，高考分数至少需要达到一本线。如果孩子英语和理科成绩都很好，那可以选择物理、化学、地理，读一本以上的民航驾驶技术专业，毕业后有机会成为机长。

在学科选择上，想要成为飞行员的学生通常需要具备地理知识，因此通常建议选择物化地、物生地或物政地等组合。此外，英语能力也是必不可少的，因为飞行员在飞行过程中，需要与国内外机场、空管等部门进行流畅的英语沟通。

成为一名民航飞行员，还需要经过严格的体检和心理素质测试。体检要求包括视力、听力、身高、体重等多个方面，确保飞行员能够胜任长时间、高强度的飞行任务。心理素质测试则主要考查飞行员的抗压能力、应变能力和团队协作能力等。

在培训方面，飞行员需要在学校学习理论知识，并参加飞行模拟训练。之后，他们还需要到民航学校进行专门的飞行培训，考取飞机执照。这个培训过程需要花费大量的时间和金钱，通常家庭需要承担 120 万到 200 万元的培训费用。所以要做民航飞行员，前提是家里经济条件好。

然而，一旦成为合格的飞行员，年薪通常高达 200 万元以上，这使得飞行员的培训投入在相对较短的时间内就能得到回报。

这里顺带说一说通用航空飞行员，因为通用航空的私有性，所以其飞行员的选拔和培训要求相对较低，但同样需要具备一定的专业知识和技能。他们主要负责驾驶私人飞机、直升机等通用航空器，为各类客户提供飞行服务。虽然通用航空飞行员的职业前景和待遇不如民用航空飞行员，但他们同样需要接受专业的培训和严格的选拔。

专业推荐指南 5：
民航机务工程专业（本科或专科）

中国的航空分为两类，一个是民用航空，一个是通用航空。民用航空简称民航，就是我们日常坐的飞机。通用航空是什么意思呢？比如直升机、私人飞机、物流飞机、洒农药飞机、无人机等，这些就归在通用航空的范围内。通用航空相当于私人性质的，是非承载性、功效性的，而民用航空是承载性的，带有公共交通属性。

如果孩子对机械修理感兴趣，我非常建议去学飞机维修。另外，国家的政策是逐步开放低空领域。去学飞机修理专业的话，就算考不上本科，还可以去通用航空。

如果能力够强，又有一定的英语功底，可以考本科，将来去民航公司里当机务，修波音 737、747 那种大飞机。如果专业能力强，但是英语一般，那就到通用航空公司，可以维修跳伞机、无人机、直升机等，现在也是紧缺人才，而且越老越吃香。

也可以考虑读飞机通信技术，必须选择物理、化学、地理。该专业就是做通信探测的。飞机驾驶过程中，雷达导航太重要了，技术要求也很高。

总之，学习机务专业，孩子将掌握机械、电子、材料等多方面的知识和技能，这些技能在航空领域具有广泛的应用。同时，由于机务工作的专业性和技术性较强，具备这些技能的孩子在就业市场上将具有更强的竞争力，不易被淘汰。

适合专科生的通用航空器维修专业

想要从事航空领域工作，专科生考虑航空物流、飞机维修、空中乘务、机务后勤以及地面服务等专业，这些专业不仅门槛相对较低，大专及以上学历就能满足要求，而且通过高职单招等方式，就能实现自己的航空梦。

通用航空器维修是个大类，它分为三小类，第一个叫通信维修，第二个叫机电维修，第三个叫机械维修。这个专业基本上就是面向专科学生的。

为什么我强烈推荐修飞机而不是新能源汽修？当前，新能源汽车以其环保、节能的特性成为市场主流。然而，新能源汽车的构造与燃油车大相径庭，它们不再依赖于传统的发动机和变速箱。专科毕业的孩子如果选择了新能源汽车维修，很可能只能从事一些基础性的工作，如轮胎更换、洗车等，难以触及核心技术的维修。而飞机维修则完全不同，它属于高度机械化的领域，涉的知识面广泛。从轮胎到精密的仪器，从发动机到变速箱，飞机维修与燃油车维修在很多方面都有着共通之处。比如，无论是汽车还是飞机，它们都需要变速箱和发动机来驱动。只不过，飞机的变速箱和发动机更加复杂、精密而已。

中专生、职高生怎么做机务

如果孩子初中成绩很差，只能读中专或者职高，那将来怎么才能从事机务工作呢？机务专业有本科、有大专，但在中专、职高中没有开设，孩子可以读机电一体化、机械自动化，这两个专业对将来考机务专业都是有帮助的。如果孩子能考上大专或本科，将来进民航公司会更稳一点。你的分数越高，选的学校肯定就越好，不过本科学历对民航公司来说足够了。你再考研的话，就是朝着研发制造飞机这条路去了，在我看来，除非考上了清华大学、复旦大学的机械学院博士，那可以去研发飞机、研发航空导弹。可说句实在话，一般普通家庭的孩子就不必好高骛远了，踏踏实实把机电一体化读好，通过高职单招进入机务专业，是最稳妥的做法。

学好外语，如虎添翼

对于学习机务的孩子，我有一个建议：尽量考取英语四级证书。这是因为飞机制造和维修领域的核心技术大多掌握在欧美等地区国家手中，许多飞机和零部件都是从国外进口的。在飞机的使用过程中，可能会遇到英文的说明书、维修手册等技术资料，如果英语水平不足，将会给工作带来很大的困难。因此，良好的英语能力对于机务人员来说至关重要。

除了英语，学习一些其他的外语如日语、德语、法语等也是有益的。因为飞机和零部件的制造和维修涉及多个国家的合作和交流，掌握多种语言将有助于孩子更好地与外国同行进行交流和合作。

尤其值得一提的是，现在有一种公司，专门接飞机托管订单，这些订单来自全国乃至外国，如果机务通晓不止一门外语，那将成为公司不可或缺的骨干力量。我们按照一架飞机一年托管费10万元来算，20架飞机就是200万元，这还是按照最基本的服务来算的费用。除了维护，还可以协助老板做好飞行规划，比如他在北京，明天要飞纽约，托管公司就要安排机务过去，帮他检查飞机情况、安排飞行时间、关注天气动态，这就不仅仅是10万元的价值了。只有机务全部检查过，确认没问题并签字，飞机才能起飞。在这个过程中，机务所有的差旅费都是飞机老板报销的，待遇优厚，毕竟能否起飞由机务说了算。

专业推荐指南 6：
机电一体化专业（中专或职高）

如果选择读中专、职高里的机电一体化专业，三年后可以直接选择电梯工程技术，这是与前面的专业相对应的志愿规划。电梯工程技术的基础就源自机电一体化。什么是机电一体化？具体来说就是机械、电子、电气一体化。比如，你想学好音乐，是不是得先学会五线谱？如果连曲谱都看不懂，怎么演奏音乐呢？机电一体化包括机械自动化、电子自动化和电气自动化，我经常提到这三个专业很适合男孩子去学。

很多家长不了解，还以为读出来就是当个水电工。说句实在话，从这三个里面随便选一个，都比新能源强。分数要求也不高，中考 300 分以上就可以读。读中专或职高，参加三年制的对口升学班，争取考电梯工程技术的本科。没有考上本科的，就去读专科里的电梯工程技术。当然，即使只是读专科也不要气馁，因为专业本身就是贴近民生的技术专业，只要把专业学好了，在社会上照样有用武之地。所以，我奉劝各位家长，如果家里有初三的孩子，考上高中的可能性不大的话，就去读机电一体化。哪怕考不上本科，就凭专科学的电梯工程技术，毕业之后，就业前景照样光明。

专业推荐指南 7：畜牧兽医专业（中专）

适合对象：男女不限，中考成绩不理想，准备读中专的学生。

分数要求：中考 300 ～ 350 分。

考不上高中的孩子，无论男孩、女孩，还可以考虑去农业中专读畜牧兽医专业，我称之为"弯道操作"，这个专业只能去农业中专读，职高里没有相关课程。

专业特色和就业前景

农业中专开设的课程包括畜牧兽医、动物医学技术、宠物临床医学以及畜禽生产技术。其中，畜牧兽医是一个综合性的专业，涵盖了各种家畜的饲养和管理；动物医学技术则专注于小动物的疾病治疗和预防；宠物临床医学则是针对宠物的医疗护理；而畜禽生产技术与水产养殖技术则关注家禽、家鱼的繁殖和养殖。

畜牧兽医跟动物医学最大的区别是什么？动物医学的学生毕业后，大部分都会以为猫、狗等小动物进行护理为主，但畜牧兽医的治疗范围就广得多，畜禽类都算在内。

如果你以为兽医只是给猫狗做节育，给牛、羊接生，那你的思想就太老套了。现在学畜牧兽医专业，是一个整体的生态链思维。养殖场对能够给畜禽治病的兽医都是很看重的，但兽医治病可不局限于小猫小狗，负责的乃是整个养牛场、养猪场。出瘟病的时候，你要是有本事力挽狂澜，可以想想养殖场老板该对你多么感激。这就好比开车，摩托车和货车的载货量不可同日而语，宠物临床医学顶多就是个摩托车，畜牧兽医就是开货车的级别了。

宠物经济不可限量

随着人们对生活品质的追求和对宠物需求的增加，畜牧兽医的市场前景十分广阔。相比于吃肉带来的满足，人们对宠物带来的情绪价值有了更高的期待。现在人与人之间的关系日渐淡薄，甚至一些孩子都不愿意交朋友，宁可一个人宅着，养只猫或者狗，就觉得很满足了。

猫、狗总有生病的时候，作为一名专业畜牧兽医，同样具备给宠物治病的能力，人们日益增长的宠物需求，能够给这个职业带来源源不断的资源。

核心资源始终只有两个字：技术

学畜牧兽医专业也不需要专升本，只管把心思用在学技术上就好。我给大家说一个发生在我朋友身上的真实故事。他开了个大型的养殖场，2020 年起三年疫情，养殖场的生意一落千丈，后来工资都发不出来了，只能裁员。研究生财务裁了，业务员里裁了两个本科生、一个研究生。最后就留了两个人，一个大专生、一个中专生，学的都是畜牧兽医专业。这就是很活生生的例子，真正到了生死存亡的时刻，关键不是怎么搞销售、怎么做财务报表、怎么做策划和运营，而是怎么保证这些猪、牛、羊不得瘟疫，能够让养殖场维持住基本盘。疫情总有过去的时候，财务、运营、销售都可以再招，但如果猪、牛、羊都死光了，那养殖场就彻底完蛋了。

如何报考畜牧兽医专业

读本地的农业中专，优先读"3+2"，不同省份叫法不同，据我所知有三种：三二分段、中高职一体化、五年制大专。如果所在地没有"3+2"，也可以直接读三年中专，然后参加技能高考或高职单招。技能高考一般是每年5月，这个是全省统考的，考上了就是本科学历。高职单招一般是每年3月，广东省是1月考试，只能读专科，卷子会比技能高考简单些，但含金量和统招大专是一样的。

如果是普通高中的孩子，如果觉得自己高考只能考400多分，也可以选择这个专业的大专，毕业后做宠物医生、宠物养护，都是不错的就业路径。不过，我还是建议成绩不好的孩子尽早选择读中专或者职高，否则即使读了普通高中，成绩依然够不上本科，最后还是读大专。既然如此，不如提早放下身段，不一定非要跟别人去挤普通高中。如果英语、数学都不行，那就放弃普高，直接去读中专的"3+2"，你会发现，中专的专业选择更务实，也更有利于自己未来的职业发展。

专业推荐指南 8：现代殡葬服务与管理专业

这是一个承载着社会重要职责的行业，然而长久以来，这个专业却受到许多世俗观念的影响，让人们对它心存疑虑。家长们担心孩子学了这个专业以后，即使可以顺利就业，也会影响到日后的婚姻生活，甚至在社交中也难免会受到歧视。这些顾虑都是人之常情，毕竟人的一生不仅仅是为了赚钱，更多的是追求生活的平衡和内心的满足。

那么，现代殡葬服务与管理专业是否值得学习呢？我认为，这取决于个人的情况和兴趣。从就业角度来看，它在体制内的年薪可以达到 20 多万元，这在某些地区已经是相当不错的收入了。

然而，对于大多数孩子来说，选择这个专业需要慎重考虑。因为它不仅仅是一个专业的问题，更是一个涉及个人价值观、家庭观念和社会认知的问题。如果孩子对这个行业有浓厚的兴趣，或者认为这是一个可以为社会做出贡献的领域，那当然可以选择它。但如果只是为了就业或者赚钱，那么，在未来的生活中，不可避免要面临一些困扰和挑战。

此外，需要明确的是，现代殡葬服务与管理专业并不是一个简单的专业，它有着较高的门槛和限制。由于它是一个保护类专业，只能通过高考来报考，而且基本都要达到本科线，才有机会被录取。同时，这个专业也比较小众，不是每个学校都开设。因此，想要学习这个专业，需要提前做好充分的了解和规划。

专业推荐指南 9：模具设计与制造专业

作为传统技术领域的专业，不少人对模具设计与制造存在着认知上的误区。不少年轻人可能以为这类专业等同于古老的手工艺，认为其不够光鲜。事实上，模具技术作为现代工业不可或缺的基石，其重要性远超我们对它的表面印象，它蕴藏着巨大的职业价值与经济潜力。

从家居装修中精细的木工活，到汽车制造中流线型的车身外壳，无一不依赖于模具的精湛技艺。模具不仅仅是塑造物体的工具，更是把设计理念转化为现实产品的技艺。从这个层面上说，模具设计师和制造者的工作，是创造力与工程技术的完美结合，其专业性和技术含量不言而喻。

对于处于中专阶段的学生来说，选择模具专业是一个既务实又具前瞻性的决定。模具技术强调实践操作能力，这种"童子功"式的早期培养，能够让学生更快地将技能内化于心，外化于行。随着经验的积累，技艺越发成熟精湛，未来的职业道路也将更加宽广和光明。

值得注意的是，模具专业在高等教育体系中，并不常见于本科专业设置，但在职业教育领域却占有一席之地。这就意味着，选择模具专业的学生，在专科层次便能获得与行业紧密对接的专业技能，从而在就业市场上占据独特的竞争优势。毕竟，那些本科层次没有的专业，往往正是市场急需、人才稀缺的领域。

专业推荐指南 10：
城市燃气热力工程技术与管理

　　城市燃气热力工程技术与管理是典型的"体制内小众刚需专业"，默默而不可或缺地支撑着城市千家万户的日常生活。它不仅关乎城市供气，更涵盖了石油、天然气等多种能源形式的安全、高效输送与管理。

　　这份工作适合那些性格内向、形象温婉、追求稳定生活的女孩。在燃气公司工作，不需要承担过重的体力劳动或高强度的技术挑战，更多的是与客户沟通、处理缴费事宜，以及参与日常运营管理等工作。这样的工作环境，既能让女孩的性格优势得到发挥，又能为她们提供一个稳定且安心的职业平台。

　　当然，薪资方面或许无法与一些高薪职业相媲美，但对于家庭条件普通、对工资要求不是特别高的女孩来说，是一个值得考虑的选择。

专业推荐指南 11：室内装修设计

　　尽管房地产市场经历了从狂热到理性的调整期，但人们对于居住品质的追求却从未停止。房子作为家的载体，其内部的装修与设计，成为衡量生活品质的重要标尺。因此，即便购房热潮有所减退，室内装修设计的需求却依然旺盛，甚至呈现出更为细致和个性化的趋势。

　　随着人们生活水平的提高和审美观念的多元化，旧房的翻新与重装成为一种常态。许多家庭在拥有稳定住所后，开始着眼于改善居住环境，从简单的墙面刷新到整体风格的改造，再到智能家居的融入，每一步都蕴含着人们对美好生活的向往和追求。因此，即便不购买新房，装修市场的潜力依然巨大。

　　然而，面对激烈的市场竞争，室内装修设计从业者如何脱颖而出，成了摆在每一位从业者面前的重要课题。装修设计并不是单纯的技术活，它还需要从业者具备一定的艺术修养、创新思维和市场营销能力。在这个互联网时代，个人品牌的打造显得尤为重要。

　　对于有志于从事室内装修设计的学生来说，我建议不仅要苦练内功，扎实掌握设计技能和专业知识，更要学会自我包装和推广。在社交媒体上建立个人账号，分享设计心得、案例作品，与粉丝互动交流，逐渐建立起自己的影响力和粉丝基础。同时，要积极参与行业内的交流活动，拓展人脉资源，这也是提升个人知名度和获取项目机会的有效途径。

作为设计师，作品是名片，也是赢得客户信任和口碑的关键。因此，在追求设计创新和个性化的同时，也不能忽视对材质、工艺、环保等方面的严格把控，确保每一个项目都能达到客户的期望。

最终，在装修设计领域积累了丰富的经验和资源后，就可以考虑成立自己的设计公司，招募并培养更多的设计师加入团队。通过精准的市场定位和有效的营销策略，将公司打造成行业内的佼佼者，实现个人价值和社会价值的双重提升。

专业推荐指南 12：汽车修理专业

　　这个专业存在多个细分领域和发展方向，因此就业前景和要求也不相同。

　　对于很多读中专的孩子来说，汽修专业可能是一个相对实际的选择。因为中专的专业选择有限，而汽修作为一个实用且需求较大的专业，确实是一个相对较好的选项。然而，这并不是说汽修专业就一定是最佳选择，特别是在有其他更适合学生兴趣和天赋的专业可选的情况下。

　　另外，我们要考虑到汽修专业的细分领域。传统的燃油车汽修和新能源汽修在技术要求和发展前景上存在显著差异。燃油车汽修技术相对开放，原理通用，使得修车行业在过去很长一段时间内，都能够保持相对自由的竞争。但是，随着新能源汽车的兴起，这一行业正在发生深刻的变化。

　　新能源汽车的维修技术更加复杂，需要更高的技术水平和专业设备，这使得修车行业逐渐被企业和资本家所垄断。尤其是软件领域，已经不仅仅是简单的驾驶操作，更涉及人工智能、无人驾驶这些高科技，这可是那些学理工科，搞电子信息工程、机械工程的人才能玩得转的。他们会编程、懂代码，英语都过了专四、专八，这得多高的门槛？一个大专生学这个专业，很难达到食物链顶端，最多也就只能给别人打蜡、贴车膜、改色之类的。

　　再来说说电池，这是新能源汽车的另一个核心。但大家可能不知道的是，电池是不能维修的，整个新能源车的电池都是一体化的，要做电池保养、维护，得去 4S 店。新能源汽车在整体汽车市场的占比越来越大，对于燃油车维修的需求会越来越少，今后，购买新能源汽车的老百姓想修车，就只能去 4S 店。这也就是为什么在相同情况下，我会建议孩子学机务，因为机务更难以被市场淘汰。

专业推荐指南 13：数字媒体技术专业

这个专业可以说是当前乃至未来十年内，非常具有短期变现潜力的蓝海。其实不难发现，无论自媒体直播的业态如何更迭，它的核心都是基于数字媒体技术的内容创作和传播。哪怕抖音平台消失了，也会有新的直播形态接力茁壮成长，比如元宇宙、二次元，以及 VR 等前沿技术的应用，都与数字媒体技术紧密相连。

掌握计算机技能的你，是不是也自然而然地接触到了维护电脑、电商、直播运营？这种技能的拓展，正是数字媒体技术赋予的无限可能。因此，它不仅是一门学科，更是一种适应时代变迁、把握风口机遇的能力。

短期内，学好数字媒体技术，就可以接单剪辑视频，每一个作品都可能换来数百元甚至更多的报酬。在这个短视频盛行的时代，视频剪辑只是靠数字媒体技术变现的基本功。虽然我个人作为内容主播，视频不需要过多剪辑，但不可否认的是，对于大多数创作者而言，专业的视频剪辑是提升作品质感、吸引观众眼球的关键。

特别是那些拥有庞大粉丝基础的主播，他们的背后往往有专业的团队负责视频剪辑，确保每一帧都精准传达信息。更有甚者，比如某些影音号，通过图文结合、语音讲述的方式，讲述历史、考古、科普等内容，无须真人出镜，仅凭优质内容便能吸引数百万粉丝，实现广告收入的丰厚回报。

这背后的逻辑其实很简单：学会剪辑，就等于掌握了一门在家就能创造财富的技能。除了剪辑技术精湛之外，更需注重个人品牌的包装与业务能力的提升。有些作者对视频剪辑的要求极为严苛，他们追求的不仅是内容的传达，更要有视觉与情感的双重震撼。这种每一帧都精心雕琢的作品，自然需要更高层次的剪辑技巧和创意构思。当然，回报也是丰厚的，到这个程度的剪辑，基本上就是按分钟计酬了。

专业推荐指南 14：智慧养老专业

随着人工智能的飞速发展，诸如萝卜快跑网约车、无人送外卖等高科技产物层出不穷，它们极大地便利了我们的生活，也悄然取代了许多传统人力岗位。然而，在养老领域，人力依然扮演着无可替代的角色。毕竟，养老不仅仅是生活照料，更是情感的交流与陪伴，这是任何机器都难以企及的。

如今，老龄化浪潮汹涌而至，60 后、70 后乃至未来的 80 后、90 后都将面临前所未有的养老挑战。尤其是作为独生子女的 80 后、90 后，他们不仅要承担起照顾双方父母的重任，还面临着抚养子女的压力。智慧养老模式就是在这样的背景下应运而生的，这种模式不仅依赖于人力，还与科技和人文深度融合，为老年人提供更加个性化、便捷、高效的养老服务。

可以预见的是，未来五到十年，智慧养老行业将迎来前所未有的发展机遇。随着城市老年人口的不断增加，人们对养老服务的品质要求也在不断提高。正如过去几年中，抖音电商直播的崛起一样，智慧养老也将成为下一个风口行业。在这个行业中，无论是初创企业还是传统养老服务机构，只要能够紧跟时代步伐、不断创新服务模式、提升服务质量，就有望在这个巨大的市场中分得一杯羹。因此，对于有志于投身养老事业的人来说，现在正是最好的时候。

养老专业怎么学

养老行业分为多个领域，其中智慧养老才是风口所在。在这个领域中，你可以学习农艺、茶艺，甚至包括教育表演等多元化的技能，为老年人创造丰富多彩的娱乐活动，让他们感受到生活的乐趣。

事实上，很多学前教育专业的学生，在面临就业压力时，都可以考虑转行从事智慧养老行业。因为与孩子的相处经验可以转化为与老年人的交流技巧，帮助他们更好地理解和关爱老年人。

这个专业对于学历的要求不高，读个大专就已经足够了。如果孩子高中成绩不理想，那么，中专就可以选择智慧养老专业。如果学校没有开设这个专业，小学教育和幼儿保育也是可以考虑的。在学习的第三年，可以通过高职单招、技能高考等方式，进行专业内部调整，转向智慧养老专业。

选择养老行业的时机

如果中考时就决定从事养老行业，那么，可以选择中专的养老服务与管理专业。但为了确保未来的职业竞争力和专业深度，要选择所在中专的对口升学班，特别是那些采用"3+2"模式的班级。这样，学生可以在完成三年中专学业后，通过升学考试，直接进入大专阶段，满足养老行业对学历的基本要求。

虽然通常来说，养老专业对学历要求不高，但如果我们从院长的角度来思考这个问题，就会有不一样的感受。作为敬老院的负责人，面对前来应聘的中专毕业生和大专毕业生，确实会对二者的专业能力和职业素养有所考量。养老工作不仅看重技术，更关乎对老年人的关爱与责任心。当然，这并不意味着中专生就无法胜任这份工作，关键在于他们是否具备扎实的专业基础、良好的职业道德以及持续学习的态度。不过，从学历和综合素质考虑，大专及以上的学历确实能为求职者加分不少。

因此，如果孩子想在养老行业有更广阔的发展空间，我建议优先考虑"五年一贯制""三二分段"或"中高职一体化"等教育模式，这样可以在第五年顺利获得大专学历。如果在高考时，直接选择智慧养老相关专业，那么，无论是专科还是本科，都能让自己在养老领域获得更深入的学习和实践机会。即使选择专科毕业后直接就业，凭借专业知识和实践技能，也能在养老行业找到一席之地。

为孩子的未来托底

第三部分
家庭教育篇

搞好家庭教育，
孩子才能有好成绩

打破亲子恩怨的魔咒

"不打不成才"这句话可以说已经代际传递了许多年，不少父母之所以十分推崇，也是因为他们自己就是过来人。曾经有个父亲在向我咨询时，因为女儿顶了一句嘴，当着我的面就把手举了起来，后来见我看着他，他才尴尬地把手放下。

我一看就知道，他在家里没少揍孩子，女儿坐在他身边，整个人显得畏畏缩缩，也就是因为在我这里，她才敢对父亲说一个"不"字。

棍棒底下出不了成绩

学习成绩不好与偷东西、打架斗殴等恶习不同，它其实是一种能力问题。孩子成绩上不去，家长总是认为是孩子偷懒、不肯用功，于是天天逼着孩子去学习，一旦成绩没有达到他们的期望，打骂孩子是家常便饭。我曾经与一对父子交流，因为怕有父亲在场，儿子不敢多说，我就请父亲先出去，留下儿子一个人与我聊，下面是我们对话的一些片段：

男生：陈老师，还好你让我爸出去了。
我：你怕你爸爸吗？

男生：特别特别怕。

我：为什么怕他？

男生：他总是骂我，说我是全世界最傻的人，我做不出题，他就用鞭子抽我。

我：你妈妈呢？

男生：我妈也经常跟他吵，她不想让我爸继续管我的作业，他不肯，说自己是老师，比别人都了解我。

我：你们今天来我这儿，是你妈妈的提议吗？

男生：是的，我爸一开始不肯来，我妈就说要跟他离婚，她觉得我爸脑子有病，因为他恨不得全天都陪着我读书，我要发疯了。

男孩后来并没有发疯，我建议他争取学校老师的支持，在老师和母亲的共同努力下，让孩子与这个强势的父亲做了暂时的分离。男孩不再被笼罩在皮肉之苦的阴影之下，取而代之的是一个较为宽松的学习氛围，他的大脑得以充分思考，学习成绩也有了小幅提高。

你想想，一位父亲经常站在一边看孩子做题，孩子时刻担心鞭子会抽下来，注意力全都转移到父亲身上去了，怎么可能有独立思考的空间？

为什么不能打骂孩子

首先，如今是一个竞争激烈的时代，孩子们面临的学业压力和心理负担远非昔日可比。他们不仅要在学业上追求卓越，还要面对社交媒体、同龄比较等多重压力。以往那种无忧无虑、自由玩耍的时光已渐行渐远，取而代之的是密集的课程、辅导班和不断攀升的期望。这样的环境下，如果还要遭受父母的打骂，无疑是雪上加霜，可能导致其心理防线崩溃，出现极端行为。

其次，孩子们通过手机等电子设备接触到的信息五花八门，其中不乏极端、怪异甚至负面的内容。这些信息已经远远超出家长的认知范畴。若家长还以打骂作为教育方式，不仅难以解决根本问题，反而会激发孩子的逆反心理，导致其思想更加偏激，行为也更加难以预测。

在这里，我还要对父母特别强调一下，那就是不要随意打骂女孩，尤其是正处于青春期的女孩，她们的情感世界更为细腻敏感，对家庭的依赖和信任也更强烈。如果以打骂、数落的方式教育孩子，不仅会严重伤害女儿的自尊心和自信心，还可能让她在外界感到孤立无援，缺乏安全感。长此以往，女儿可能会变得胆小、懦弱，处于缺爱的状态，甚至在外界诱惑面前失去判断力。

每个孩子都是独一无二的珍宝，他们的价值远不是一纸成绩单所能衡量的。学习固然重要，但它只是孩子成长道路上的一部分。过度关注学习成绩，甚至以打骂为手段逼迫孩子取得好成绩，只会磨灭他们的个性和创造力，损害身心健康。

在社会这个大舞台上，真正能让孩子立足并脱颖而出的，是那些难能可贵的品质——坚韧不拔的毅力、勇于探索的精神、积极向上的态度以及健康的身心。因此，我真诚地呼吁家长们，要更加关注孩子的全面发展，尊重他们的个性和选择，用爱和理解引导他们健康成长。

"我的父母很强势，我该怎么办？"

我们无法选择自己的原生家庭，如果你的父母习惯把畸形的期待强行灌输给你，对你的要求过于功利化和严苛，你是就此失去追逐梦想的勇气，还是选择成为展翅高飞的雄鹰呢？我想，你的内心是有答案的。

但是，你的梦想需要能力做支撑，有时还要寻求外力的帮助。

对策一：借助学校老师的力量

还记得前文案例里那个被父亲打骂的男生吗？我当时就建议他寻求学校老师的帮助。要学会跟你信任的老师沟通，这一点非常重要。

首先，当你上学了以后，老师是与你相处最多的人之一，他了解你的性格，能够给你出谋划策。当家里把你逼得太狠、管得你喘不过气来的时候，可以试着让老师反向请家长来学校。

你可以坦白告诉老师：老师，前天家长会，您批评了我，我父母回去后就打了我一顿。今天我来找您，是因为我很想求上进，但我的爸妈只知道骂我、打我，我只是希望他们能理解我，但他们根本听不进我说的。您能不能帮我跟他们说一下，说我并没有他们想的那么糟糕。只有您讲的，他们才听得进去。

老师听到这里，往往就会明白你的意思了。对学校老师，家长都有一种天然的尊敬和认可。千万别以为求助于老师，老师就会看低你，恰恰相反，他会更加欣赏你的勇气。老师未必喜欢穿大牌、开豪车的富家子弟，对学习成绩好的学生，可能也只是觉得比较省心，但老师肯定是打心底里喜爱充分尊重他，把他当成第二任父母的孩子。所以，你要学会找老师谈心，把遇到的困难告诉老师。

对策二：保持独立思考能力

能够在学校得到老师的支持和帮助是一方面，但这还远远不够，因为老师也不可能护你一辈子，随着年龄的增长，你面临的风雨会越来越多，只有充实你的内在实力，做一个有主见的人，才能摆脱原生家庭带给你的阴影，走出自己的一片天。

如果你的父母经常用别人的好成绩打击你，说你笨、你蠢，为此你就对自己产生怀疑，我可以告诉你：完全没有必要，不必太相信你父母对你的评价。既然在家里，你得不到积极引导，不妨充分利用好学校的氛围和资源，毕竟老师在学校讲的基本是积极的、充满正能量的。你要明白，读书不是为了父母读，而是为了自己变得更强、更美好，知识不仅仅是为了应付考试，而将是你今后乘风破浪的能量。如果你能明白这一点，就会对读书这件事情充满动力。

一个人活在世上，要有志气，也要有耐心，可能你的父母欠缺的就是这份耐心。虽然家庭环境无法改变，但还有一件事情可以帮到你，那就是阅读。如果你不知道读什么，还是可以去请教你的任课老师，请他们给你开列适合你的阅读书单。从心理学上说，一个人独立思考能力的养成，就是心灵内在秩序建立的过程，即使你得不到父母的理解，也不必为此焦虑，甚至自暴自弃，书籍就是你最好的导师和朋友。阅读可以帮助你直面内心的思绪和感受，同时，你会发现，书里的主人公在成长道路上也并不是一帆风顺的，从他们身上，你可以获取新的经验。当你把阅读体验与自我进行整合，就能逐渐形成相对自足的内心世界。

什么是"四两拨千斤"的教育策略

当你明白了什么叫"四两拨千斤",什么叫"以柔克刚",你会发现,教育孩子不需要那么多烦琐的方法。

不要在孩子面前立威

首先,每一个孩子都是独立的个体,未来都是要独立面对世界的。作为父母,如果每天在家里都试图通过强势来树立威信,对孩子实施严密监控,事无巨细都要插手,这样的教育方式很容易导致孩子的性格走向两个极端。

一方面,孩子可能变得异常胆小、孤僻、懦弱,在家里被迫习得条件反射式的无条件服从,任何小动作都可能引发恐惧,从而导致他们在外成为被欺负的对象。另一方面,长期的强势压迫可能使孩子性格变得极度阴郁,他们深知反抗无济于事,于是,内心的怨恨与不满逐渐累积,形成恶性循环。这正是许多孩子在青春期及高中时期出现问题的根源所在,而家长们往往忽视孩子内心的真实世界,只知道一味地指责埋怨。

其次,家长在家中展现的强势态度,还会严重削弱孩子的创造力。表面上,孩子可能显得顺从、守规矩、听话,但实际上,他们已经失去了探索未知的勇气和创新的能力。童年的模仿力和创造力是孩子最宝贵的天性之一,这些一旦被压抑，孩子就会错失成长中的无限可能。家长们要明白，过度顺从并不是好事，因为当孩子步入社会，如果缺乏主见和反抗意识，只会让他们成为被他人轻易拿捏的对象。一个没有骨气、没有野性的人，很难在竞争激烈的社会中立足。

再者，许多家长会对性格外向、活泼好动的孩子持有偏见，认为他们不够懂事听话。然而，这恰恰是本末倒置的误解。事实上，孩子的创造力、活跃的思维正是推动社会进步的重要力量。我们应该鼓励孩子展现自我，而不是用成人的标准去塑造他们。

我尤其想强调的是，亲子关系应当是如鱼得水般的和谐共生。家长应该以理解和支持的态度陪伴孩子成长，而不是用权威来限制他们的发展。

不要做过于强势的父母

无论您的孩子是男孩还是女孩，无论他们正处于幼儿园、小学、初中还是高中的哪个阶段，也无论他们是活泼还是内向的性格，作为父母，我们都应该避免展现出过度的强势。

我想强调的是，在孩子的成长过程中，父母的角色应当是引导和支持。尤其在学习方面，当我们看到别人家的孩子成绩优秀时，不自觉就会拿自己的孩子与他们相比，这是正常的，但请注意，不要把压力直接转嫁到孩子身上，强迫孩子达到同样的高度。每个孩子都有自己的花期，有自己的学习节奏和方式，有的孩子可能天生就学得快一些，有的孩子则需要更多的时间和耐心去理解和掌握知识。学习本身就是一个循序渐进、不断尝试和错误的过程。

对于绝大部分孩子来说，当自己考了不理想的成绩，心里都会有内疚与自责。这时候，如果父母再表现出过度的焦虑和强势，只会让孩子感到更加无助和迷茫，进而影响到他们的学习动力和自信心。因此，我们应该站在孩子的角度，试着去理解他们的困难，帮助他们找到适合自己的学习方法。

学会示弱是父母的必修课

家长的身份不仅仅意味着权力，相反，示弱反而是非常好的方法，是与孩子建立健康关系的关键。

很多时候，家长们并不能很好地理解孩子的世界，也无法用他们能接受的方式去沟通。父母能做的，就是尽量不要以高压姿态去逼迫孩子，不然很可能会适得其反，让孩子感到压抑和无助，甚至走向极端。我就接到过这样类似的咨询：某个孩子因为一句不经意的话，就可能做出冲动的行为，甚至威胁父母要跳楼、割腕。特别是那些性格文静、内心敏感的女孩，更容易受到伤害。因此，家长在面对孩子时，一定要学会温柔以待，用爱和理解去包容他们，而不是用暴力或冷漠去伤害他们。

在学习方面，我们家长也尽量不要施加太多压力，更不能把自己的期望强加给孩子。如果我们总是要求孩子去补课、去考高分、去和别人比较，孩子可能会由此感到巨大的压力，甚至产生厌学情绪。

尤其是那些性格懦弱、老实的孩子，他们在学校和家庭中可能都得不到足够的关注和尊重，如果父母还持续施压，他们就会像弹簧一样，在青春期时突然爆发出来，表现出强烈的叛逆行为。这时候，家长要学会平心静气地与孩子沟通，鼓励他们按照自己的方式去成长和发展。

示弱并不意味着软弱或无能，而是一种智慧和策略。通过示弱，我们可以让孩子感受到我们的真诚和关爱，从而建立起更加亲密和信任的亲子关系。当我们愿意放下身段去倾听孩子的想法和感受时，孩子也会更愿意分享他们的内心世界。这样一来，家长们就可以更好地了解孩子的需求和困惑。

生活再难，也别把孩子丢给爷爷奶奶

很多父母由于工作等原因，把养育重任长期托付给孩子的爷爷奶奶或者外公外婆，然后撒手不管。但我还是建议，长辈帮忙带孩子只是搭把手，只要条件允许，一定要亲自陪伴孩子成长。你才是孩子的监护人！

隔代养育，小心养出"纸老虎型"孩子

爷爷奶奶、外公外婆作为上一辈，他们普遍有一种特殊的心态，那就是自己当年在抚养孩子的过程中没能"表现完美"，从而对孩子抱有补偿心理。于是，他们会将这种情感投射到孙辈身上，由此导致溺爱孩子，让孩子养成不讲道理、以自我为中心的性格。

这些孩子进入社会，面对挫折与不公，就会显得无所适从，形成"家里是老虎，出门是老鼠"的反差。这样的孩子，我称之为"纸老虎型"的孩子。

此外，从健康角度来看，长期由老人抚养的孩子，更容易出现体重问题。老一辈人往往认为孩子吃得胖乎乎才是健康的，殊不知，过量饮食会对孩子的身体造成负担。相反，父母作为年轻一代，更了解科学喂养的重要性，懂得"三分饥与寒"的道理，能够更有效地控制孩子的饮食。同时，父母也会

更注重孩子的体育锻炼和户外活动，有助于孩子形成健康的体魄和良好的运动习惯。

父母的角色，永远不可替代

最根本的原因，是父母在孩子成长过程中的角色是不可替代的，他们更能够与时俱进地理解和教育孩子，也敢于直接批评孩子的错误行为，甚至在必要时采取适当的惩罚措施。我们知道，只有从小培养孩子正确的价值观和行为习惯，才能让他们在未来的人生道路上走得更加稳健。同时，由于父母与孩子之间代沟较小，更容易与他们建立亲密无间的亲子关系，为他们提供情感上的支持和陪伴。

好的亲子陪伴，是孩子人格养成的基础，是孩了人格魅力形成的养分。我知道，有很多家庭可能父母要外出打工，没办法给到孩子更多的陪伴，但还是请尽可能地把孩子带在身边，哪怕日子再艰难，只有在父母身边，孩子才能感受到幸福和踏实。

在身心健康面前，分数一文不值

现在的孩子为什么那么脆弱

来不及来不及

你曾笑着哭泣

来不及来不及

也要唱给你听

这首歌的名字叫《海底》，可能不少人都听过，在优美中又透着几许淡淡的哀伤，歌者仿佛就是要用这舒缓忧郁的曲调，引领听众缓缓沉入幽深的海底。

海底，寓意着人心，作者这首歌是献给抑郁患者群体的。

常有人对我抱怨，说现在的孩子怎么那么脆弱。想想我们小时候，哪个在家里不被爹妈打骂？在学校里，又有哪个不被老师批评的？那时候的孩子怎么就没有那么多心理问题呢？

客观来说，孩子的心理问题并不是现在才有，而是一直存在，只是现在信息发达，更容易曝光在大家眼前。但是，当下学生普遍心理压力比过去大，确实是不争的事实。70后、80后们会怀念自己无拘无束的童年，因为以前没有手机、没有iPad、没有短视频、没有网络游戏，可以出去尽情玩耍、运动。即使在成绩上找不到存在感，还可以在其他方面得到老师、同学和父母的欣赏，还能与同伴们的嘻嘻哈哈中，消解对未来的焦虑和恐惧，更容易活在当下。

互联网的发展固然带来了高效率和便捷的生活，但也让人们失去了存在感和控制感，失去了现实感，增加了虚幻感。社会发展过快，父母也会更焦虑，担心如果孩子的成绩不能名列前茅，很快就会被远远地甩在后面，人生将会迎来悲惨的结局。于是，"成绩好""听话"便成了孩子无法摆脱的紧箍咒。

不要为寻求"确定性"，把孩子逼上绝路

我面前坐着一对母子，母亲还没有开口，就开始哽咽了。

"陈老师，我现在不知道出口在哪里。"她红着眼眶对我说。我点点头，看着把自己裹得严严实实的儿子，他戴着黑口罩，卫衣的帽子也还套在头上，耳朵里塞着耳机，低着头玩手机，似乎我和他母亲在讨论一件与他完全不相干的事情。

"今天是我硬拉他来的，上学期期末考试，他没考好，我说了他两句，他就再也不肯去学校了，说觉得丢人。"

听到这里，男孩嘴里嘟囔了句什么，我立刻示意那位母亲先停一下，用平常的语气对他说："在我这里，没有什么不能说的，你可以大胆说出来。"

男孩抬起头，对他母亲一字一句地说："你说我考得这么差，不如死了算了——"

"我那不是着急嘛，你再这样下去，真的要——"母亲打断孩子的话。

我制止她继续说下去，我相信，这就是这对母子日常交流的方式。

后来，与男孩母亲的单独交流中，我得知她已经带着儿子跑了几家医院，诊断结果都是中度抑郁。母亲觉得无法理解，自己可能只是唠叨了一些，对

孩子管得紧了一些，怎么就抑郁上了？我和她说："需要治疗的不仅是他，还有你的情绪和心态。"

考试排名、升学压力、同学攀比，在人生关键阶段，孩子们承受了太多压力。对此，家长是无法感同身受的，即使孩子已经表现出心理问题，家长仍然认为是孩子的抵触情绪作祟。所以，在我看来，孩子出现抑郁问题，父母是无可辩驳的第一责任人，是他们企图在不确定的环境中寻求确定性，自以为是为孩子好，最终把孩子逼向了极端。

别让父母的"烂事"进入孩子的生活

我其实不太喜欢听大家总是批评现在的学生内心脆弱，把心理问题全都归咎到孩子身上，青少年抑郁的背后，往往是一个个已经出问题的家庭。

当我们处于社会平稳发展的阶段，长辈的经验确实可以为晚辈提供有参考意义的指导，能够让孩子少走些弯路。但处于当前社会转变的大环境下，家长自身也面临着前所未有的危机和挑战，内外夹击下，很多家长自己的心态先崩了。

你可能以为一个人的成熟度和年纪是成正比的，其实还真不是。我接触过很多90后、00后的孩子，他们的心智比父母更加老成，为什么？因为他们的成长环境与父母一辈差别太大了，互联网让他们过早地开眼看世界，他们往往是想得太多，而不是太少。

很多父母的观念和心态还停留在过去的时代，越是普通家庭，这种情况越明显。父母的认知层次不高，面对社会的剧烈变革，内心深处依然向往过去充满确定性的生存环境。上哪所大学？从事什么样的工作？找怎样的伴侣？他们从来没想过，有朝一日生活是会改变的。

当我们关注青少年心理问题时，作为父母，也要观察自己的情绪和心态。当失业、降薪发生在你身上时，你是不是会将这些负面情绪宣泄在孩子身上？

负能量的影响是多方面的。有些是很明显的，比如说用功利化的思想教育孩子，我遇到过不少家长，他们喜欢给孩子灌输一种极端的思想，告诉孩子要找那些对自己有利益的人当朋友。在他们的观念里，孩子成绩不好，就是因为和差生在一起玩，被差生带坏了。在这种理念的灌输下，孩子的是非观就被扭曲了。还有一些喜欢厚黑学的家长，成天给孩子讲社会上的阴暗面，要孩子多多提防他人，似乎除了家人，其他人都是别有目的的。长此以往，孩子就觉得好像社会就是这样复杂，他对人与人之间的交往失去了期待和兴趣，变得孤僻、多疑。

最扭曲的就是暴力教育，自己在单位不顺心，回家几杯酒下肚，看孩子做作业磨磨蹭蹭，拿起皮带就抽。打孩子、骂孩子都是很容易量变引起质变的，孩子本来就又怨又怕，一时想不开就容易走极端。

这些悲剧的产生，都与心理学上一个经典的概念——踢猫效应有关。与家长相比，孩子就如同那只无辜弱小的猫，最容易成为父母宣泄压力和不满情绪的对象。所以，请家长们反思一下，当你们对着孩子大吼大叫时，到底是因为孩子作业本上的一个小错误，还是你自己本身就有情绪？你们有没有想过，这种一次又一次的情绪转嫁对孩子会造成多少伤害和痛苦？

家长们如果想不明白孩子为什么会出现心理问题，就先想想你们自己，能量是流动的，孩子的负能量不会无缘无故产生，影响往往是最亲近的人带给他们的。无论家长还是孩子，身心健康是最重要的，只有家长自己充满了正能量，才能增强孩子内在的正能量。

退步原来是向前

我曾经和一个理工科很好的朋友聊天，他对我启发很大。其实，我到现在只要一提起什么方程式、解析几何就头疼，但这个朋友告诉我：数学不仅仅是纯理论的，它还有助于心理健康。我当时觉得特别新奇，在我的印象里，数学不就是代数、几何嘛，最多锻炼下逻辑思维，怎么跟心理学挂钩了呢？

他说，很多人都从来没有去认真探究过数学蕴含的思维方式，比如让人闻之色变的微积分，其实抛开复杂的概念、公式不谈，单就说说微分和积分，就会改变我们看待世间万物的眼光。顾名思义，微分就是无穷小的数，我们可以理解为瞬间，而积分描述的是不断累积的瞬间。如果一个物体静止不动，你给了它一个推动力，它是不是瞬间就产生了一个加速度？当速度累积到一定程度，才会产生距离。这里就产生了宏观和微观两个视角，宏观上是距离的产生，微观来看，这是不断累积的瞬间速度，这是不是就是一种动态眼光？

好，让我们从这个角度来看待学习问题。比如新学期，列了各种学习计划。第一天，认真完成了所有学习任务；第二天、第三天，慢慢开始懈怠了，但有的孩子在家长、老师不断鼓励下，他能坚持下去，慢慢地，成效就出来了。可是，有的孩子本来就不是很自律，家长看到孩子三天打鱼两天晒网，就开始各种打击："你看你，一点恒心都没有，我看你做不成任何事！""努力了有什么用？我看你就是笨！"家长和孩子都不知道的是，努力需要积累，不会立刻体现在分数上，得坚持再坚持；也可能中间会遇到挫折，发现自己努力的方向错了，那也没有关系，及时调整，继续努力，积分效应就会渐渐显现出来。

除了积分思维，他还提到了博弈论，我记得有一部电影《美丽心灵》就是讲的这个理论。简单来说，这个理论就是讲究以退为进的策略，你在最初规划时，得知道自己要的是全局层面的最优，这就意味着有时候得做出策略性让步。就像《美丽心灵》里纳什在普林斯顿大学的俱乐部里发现的，全场只有一个美女，大家都想和她跳舞，为了得到她，彼此争得头破血流，而在场的其他女性因此都不愿意做他们的舞伴；为了保证大家都有舞伴，第一时间找除了美女以外的其他女性，大家皆大欢喜。

所以，很多家长们为了在不确定的大环境中寻找确定性，把孩子逼入死角。找确定性的想法并没有错，只是大家的方法错了，好好琢磨琢磨博弈论，就能找到从不确定性中找到确定性的有效路径。

结合我在本书里教大家的求学和就业方法，如果家庭没有什么过硬的背景，父母经济条件一般，孩子成绩考本科有困难，那就不妨参考下博弈思维。我们的大方向是为了让孩子将来能自力更生，那么就不要一味追求局部的最优解——考大学；我们可以退一步，去走职业高中的路子，让孩子有一技之长，然后通过专升本也好，专套本也好，一样可以闯出一番天地。

内化力：识别他人思维模式中的缺陷，
远离负面情绪

孩子们，在这本书里，陈老师没办法教你们怎么解数学题、背英语单词，但我可以帮大家挖掘一下学习以外的能力。我知道，无论是老师还是你们的父母，都要求你们把大量的精力放在掌握知识和提升分数上，但你们是不是感受不到学习的意义？是不是经常无法把注意力集中到功课上？明明很想学习，但还是很难克制自己刷手机、玩游戏？因为大人们强调的那些都是外在的，可能他们自己也不知道隐藏在学习背后的能力才是最重要的。

这是一种什么能力呢？我很难用某个词去概括它，我们就暂且把它理解为一种内化的能力吧。

你可能已经察觉到了，向外求是不可靠的，外界的帮助有时候收效甚微。无论是老师还是你的爸爸妈妈，都很难真正理解你的内心感受，你可能已经很痛苦、很迷茫，在情绪失控的边缘。

这时候怎么办？我需要你向内求，把这些负面情绪内化为燃料，就像废物再利用一样。我们知道，负面情绪的产生不是无缘无故的，往往与我们的思维方式有关，很多时候，一旦能够看清对方的底牌，你就能冲破思维的藩篱，真正做到无所畏惧。

下面，我会教你们几个内化情绪的小妙招，它们可以帮助识别他人思维模式中的缺陷，平时可以尝试着练习看看。

妙招一：为情绪筑起一道"隔离带"

这是第一个我想教给你们的处事法则。我们每个人都无法避免人际关系中的各种烦恼，如果把什么事情都揽在自己身上，认为什么都是自己的错，必将会不堪重负。现在，你要开始掌握一项化解负面情绪的核心能力，就是区分什么是你的课题，什么是别人的课题。

课题分离这个概念来源于心理学领域，原意指要解决人际关系的烦恼，就要划分边界，分清楚别人的事和自己的事，别人的情绪和自己的情绪。父母骂你，逼迫你，那是他们的情绪出了问题，是他们的课题，你不要因此而过分责备自己。

你可以把对方的情绪与自己的情绪隔离开，理解别人的情绪很多时候和你没有关系。

妙招二：小心，别踩住了语言中的情绪地雷

"为什么你老是被老师留堂？"

"为什么你做事总是拖拖拉拉？"

"为什么你就是不如别的同学受欢迎？"

如果让你按照"为什么 + 观点"的句式造句，可能还可以造出一大堆，因为这对你来说太熟悉了，对吧？其实，你有没有想过，你之所以会对自己丧失信心，陷入情绪内耗的泥沼，就是与这种魔咒般的话术脱不了干系，你被它控制了。

语言是有魔力的，我们要对任何评价性的话保持警惕性，当然，我们也没必要对此神经兮兮，感觉周围人都想害你。因为说这话的人可能就是你的父母、老师、同学，他们可能也没有意识到，自己说出口的话里埋藏着情绪

地雷。

比如当别人对你说："为什么你就是不如你的同桌受欢迎？"可能说这句话的同学只是因为你平时喜欢独处，而你的同桌比较外向，能够很轻松地与周围人打成一片。

这个时候，你先别着急自我辩解，而应该质疑"你不如你的同桌受欢迎"这个观点是不是成立。有句话叫"一事不知，一无所知"，他真的了解你吗？了解你的同桌吗？他说的"受欢迎"标准是什么？如果他所谓的"受欢迎"只是表现在能与其他同学说说笑笑，那也太肤浅和片面了。经过这样一番仔细分析，你是不是就不再被别人的一句话带跑思绪了？所谓"咬定青山不放松"，你得有自己独特的思辨力。只要能绕过别人埋的雷，你就是赢家。

妙招三：变对抗为肯定，灌溉心灵之树

你是不是经常觉得自己活得很拧巴，其实周围人也没怎么你，可你就是觉得提不起劲儿，感觉世间一切美好的事物都与你无缘。

最近，我刚好在读一本《自我实现之路》，里面有个观点，我觉得对你们会很有帮助。我前面说了，你们要增强内化力，内化力的获得需要强大的内心，好，请你们把投放在外界的目光收回来，闭上眼睛，想象你的体内有一棵心灵之树，你对它说了太多"你不配、你的错、你不好"，但这并不是这棵树真正想要的，渐渐地，它开始不断产生一种与外界的对抗力。现在，请你化对抗为肯定，对它说"你值得、你没错、你很好"，你可以试着每天对自己这样说十遍，相信我，你一定能给这棵心灵之树重新灌入自信和希望的力量。

最后，希望所有的孩子都能远离负面情绪，走出自己的一片天。

欣赏和接纳孩子的不同性格

孩子内向怎么办

一位家长曾经询问我，说孩子正在读小学三年级，什么都好，就是性格太内向了。我后来与孩子也进行了沟通，孩子表现得非常从容，在我看来，孩子的性格没啥大问题。

我与这位妈妈单独交流了一下，她的孩子成绩稳定，但算不上出类拔萃，性格偏内向。她说自己不喜欢孩子的性格，希望我能提供一些建议，帮助孩子变得活泼一些，为此，她还提出了几种方案，比如让孩子去学习架子鼓、击剑，或是参与更多的社交活动。

我了解到，这个孩子特别喜欢画画，但这个爱好在妈妈眼里，显得太平常、太安静了，于改变性格无益，所以，她不太支持孩子继续画画。我告诉她，每个孩子都有自己独特的性格和兴趣，强行改变并非明智之举。

可惜，这位妈妈对我的建议显然不以为然，过了一段时间，我询问这个孩子的近况，孩子妈妈告诉我，她尝试让孩子参与各种社交活动，学习架子鼓、击剑和舞蹈。然而，由于孩子四肢协调力较差，击剑和架子鼓都没学会；又是扁平足，天生就不适合跳舞。她的希望都落空了。

再后来，这位妈妈又焦急地来找我，新的问题出现了：孩子因为学习击剑和舞蹈屡屡挫败，又因为性格内向，不善于表达，变得越来越沉闷，成绩也因此下滑，甚至出现了心理障碍。

我不客气地对这位母亲说："你连自己的性格都无法改变，却妄图改变孩子的性格，你觉得这合理吗？"调皮有调皮的魅力，安静有安静的力量，我们无须强行改变。

内向孩子也有优势

在我看来，内向的孩子其实有着独特的优势，他们往往更善于深入思考，更专注于自己的兴趣。就像前面提到的那个孩子，虽然四肢不协调，学不好跳舞和击剑，但这并不代表他就是一个失败者。他原本在画画方面有着出色的天赋和热情，但由于家长的干预，渐渐失去了自信和动力。

如果孩子天生内向，喜欢独处，我们就应该顺应他的这种天性，让他在适合自己的轨道上发展。如果他对画画情有独钟，你不妨给他报名绘画班、书法班、象棋班或围棋班，将来他或许能成为一名出色的理科研究者或科学人才。如果担心他口才欠佳，我们可以培养他的阅读能力，让他在阅读中丰富内心世界。千万不要强迫孩子参与自己不擅长的运动，或者将他置于不适合的社交场合，这样做可能会适得其反。

每个孩子都有独特的成长轨迹，家长应尽力让孩子自然发展，只要他们三观正确，哪怕学习成绩不好，也应给予他们足够的空间和时间，我们只需在孩子身边静静守护，适时给予指引和帮助。

性格偏见：隐形的枷锁

我经常会感受到家长们流露出的"性格鄙视链"：孩子的性格不能过于安静，也不能太调皮，要活泼开朗又不失沉稳。我真的很想问一句：这样的高标准，又有几个成年人能够做到？你自己做得到吗？

孩子太内向了，很多父母觉得孩子性格不好，但如果孩子太调皮，同样会让家长头痛不已。我曾经接触过一位年轻的家长，她的孩子小学二年级，平时活泼好动，尤其在运动天赋和音乐感知力方面非常出众，但对学习缺乏兴趣，坐不下来。这位妈妈尝试过很多方法，比如让孩子学习奥数、围棋等需要静心的活动，可惜收效甚微，反而让孩子变得更加焦躁不安。

我给这位妈妈的建议是，结合性格特点和天赋加以培养，比如可以尝试培养他的演讲能力、舞台表现力，还可以让他学习架子鼓、跳舞或打篮球等，这些活动既能满足他好动的天性，又能发挥他的特长。

还有很多家长，由于职业和个人喜好，而对孩子产生偏见。比如，有的家长自己是医生或老师，可能就会认为喜欢运动的孩子只是四肢发达而已；有的家长偏好文科，就对喜爱汽车的孩子横挑鼻子竖挑眼，其实，如果孩子将来能够深入研究汽车原理设计、发动机设计、电子设计等领域，也是非常值得鼓励的职业选择。我们要顺应孩子的兴趣和个性，从而去引导他们，而不是按照自己的意愿去塑造他们。

我们不能期望一个内向的孩子变得外向，也不能让一个外向的孩子变得安静。因此，作为家长，我们需要用开放的心态去接纳孩子的选择，作家、运动员、演说家、科学家，甚至是拥有匠人精神的手艺人，都是社会运转中不可或缺的角色。

每个孩子都有自己独特的价值和潜力，只要用心去发掘和培养，他们都能在这个五彩斑斓的世界中找到属于自己的位置。孩子的身高、性格等条件可能很难改变，但可以引导他们发挥其优势，找到更适合孩子的教育方案。

什么是最好的教育

别只盯着孩子的分数

如果您的孩子今年上初中，成绩不好，面对孩子语文、数学、英语等科目几十分的分数，您是否感到焦虑，甚至想找老师补课？试想，孩子总分才二百来分，此时补课，真能扭转乾坤吗？

孩子15岁，正是人生的转折点。我们是否该冷静下来，重新审视我们的教育方式？难道只有普高一条路可走吗？中专、职高、卫校……这些选择同样能通向光明的未来。它们或许起点不同，风景各异，但终点都是专科、本科，乃至研究生、博士的殿堂。

更重要的是，这些选择往往成本更低，压力更小。以中专、职高为例，一年学费仅需几百元，而通过技能高考，孩子同样有机会进入本科院校。相比之下，普高的竞争何其激烈，多少孩子拼尽全力，却只能换来专科的入场券。

所以，家长们，放下所谓的面子，选择最适合孩子的道路。让教育回归本质，让孩子在快乐中成长，在兴趣中探索。最好的教育不是盲目跟风，而是根据孩子的实际情况，为他们量身定制一条通往成功的道路。

孩子身心健康是最好的教育

什么是最好的教育？是不硬逼着孩子补课、学习。考不上高中，那就去读中专、职高，在中专和职高里读三年制的对口升学班，比如机电机械、新能源、无人机应用等专业，我们照样可以通过中专和职高的技能高考，考上理想的大学。

那些成绩优异的孩子总是那么让人省心，老师喜欢在课堂上表扬他们。然而，那些成绩不佳、整天贪玩的孩子，可能就是在文化课上没有天赋，再怎么逼他们学习，也无法显著提升学习成绩。

是时候醒醒了！千万不要让自己成为"教育的韭菜"。很多家长一生中最宝贵的经验，似乎都集中在了如何"鸡娃"上，却往往忽视了教育的本质和孩子的个性发展，过分关注孩子的语、数、英成绩，却忽略了他们独特的性格魅力和高情商的重要性。但我想告诉你，分数和学历并不是孩子的唯一衡量标准。

学历的时代已经过去

我们需要认识到一个现实：在二十世纪八九十年代，学历或许还能为我们带来稳定的工作和优越的生活条件。但如今，社会已经发生了翻天覆地的变化。学历过剩已成为不争的事实，社会更需要的是有技术、有个性的人才。

随着时代的发展，教育的多元化趋势日益明显。我们不再仅仅追求学术上的卓越，更重视孩子综合能力的培养和个性的发展。未来社会需要的，是那些能够灵活应对挑战、勇于创新、具备高度责任感和团队合作精神的人才。而这些，往往不是单靠成绩就能培养出来的。

虽然高学历在某些领域确实能带来更高的起点，但并非决定性因素。在这个充满变数的时代，技能、经验和持续学习的能力同样重要。一个拥有扎实专业技能和良好职业素养的蓝领工人，完全有可能获得超过所谓高学历白领的收入。

孩子真正需要的是什么

当孩子未来步入社会后，他们真正需要的是什么？是单纯的学术研究能力吗？显然不是。社会更需要的是他们的高情商、随机应变的能力，以及那种不畏艰难、敢于挑战的虎气和野性，这也将为他们在职场上赢得更多的机会和尊重。然而，家长们却往往为了那几分成绩，将孩子逼得喘不过气来。

我们要明白，每个孩子都是独一无二的。成绩好，固然是能力的体现，但它仅仅是孩子众多闪光点中的一个。有些孩子或许在学业上暂时落后，但他们拥有健康的体魄、乐观的心态，以及那些难以用分数量化的优秀品质，如情商、创造力和解决问题的能力。这些，同样是他们未来人生路上的宝贵财富。

许多成功的案例都告诉我们：一个拥有扎实技能和独特个性的孩子，往往能在社会上获得更好的发展机会和更高的收入水平。而那些仅仅拥有本科学历却缺乏实际能力的孩子，未来则可能面临就业难、收入低等问题。

陪孩子走稳
每个成长关键期

你是不是迫不及待地想去闯荡世界

为什么不鼓励孩子外出打工

很多孩子读书读不下去了，都会以为外出打工是一种解脱，但我想告诉你，真走出这一步，以后的日子会很艰难！我一向不赞成还在求学阶段的孩子出去打工，哪怕只是打寒暑假工，我也不建议。

以前，家境特别贫困的孩子确实需要打零工赚取学杂费，但现在这种情况其实并不多见，因为无论是初高中还是大学，都可以向学校申请助学金，不存在不打工就活不下去的问题。

既然不存在生存问题，家长就应该问问孩子，为什么会有打工的念头。有的孩子会对父母说，想趁着放寒暑假的时候，打份工锻炼下自己。大部分家长会被这个说法蒙蔽，想着孩子娇生惯养的，出去见见世面也好，就同意了。

我想说的是，同意孩子这个请求的家长，连什么叫"等价交换"这一基本生存法则都不懂，他们认为时间不值钱，孩子想打工挣钱是好事。殊不知，他们的这种认知耽误了孩子成长阶段的宝贵时间和精力。

思维误区：打工就能让孩子学会吃苦吗

我要纠正家长们一个思维误区：孩子外出打工是可以得到锻炼的。

这只是家长们的美好想象而已。现在出去打工的孩子也许根本吃不了苦。

我们设想一个场景：一家烧烤店的老板正好缺个听话的孩子，十六七岁，一个月 2000 块钱。孩子可高兴了，跟着一帮 20 多岁的工友，整天嘻嘻哈哈，端端盘子，晚上烤点边角料、啃啃羊骨头，再跟小工一起打一把手机游戏，去 KTV 唱唱歌。跟在家里被爸妈管着相比，这样的日子简直太自由、太舒服了。一旦被这种打工生活消磨了意志力，他就打心底里不想回学校了。

未成年人的人生观、价值观还没有定型，很容易就被别人带偏。他打工时接触的工友们大部分都是些社会青年，可能会告诉他："你还读什么书？读完书还不是要和我们一样打工！"这种"读书无用论"的思想，会让他在不知不觉中被同化，这太要命了！

所以，就算你的孩子成绩不好，也没必要让他在求学期间出去打工。这个阶段，孩子可以去补习文化课，也可以去相应的学校学技术，这才是孩子未来吃饭的本领。

孩子不懂得其中的利害关系，作为家长，我们不能糊里糊涂的。我真的见过有的孩子，出去打个暑假工，结果书也不想读了，最后高考都不想参加。等他 20 多岁，发现自己除了端盘子、收银，没有一技之长，再想回去读书就太难了。

设计剧本：打工变形记

也有家长会说，我是不想让孩子出去打工啊，但孩子每到寒假、暑假就闹着要打工，我该怎么办呢？

我建议你可以设计一个剧本，搞一个"打工变形记"。就像我们看的体验类节目那样，你帮孩子指定一个地方打工，但打工内容肯定不能是端盘子、帮客人烤串，得让孩子真正吃到苦头，主动愿意放弃打工，回学校上课。

举个例子，比如我有个朋友是在工厂里打螺丝钉的，厂里要求 6 秒钟就要完成一次加工，每天连轴干 10 个小时，中午只能休息 1 小时。一旦遇上急活，连着干 14 个小时的情况都有。类似这样的地方可否试着让孩子体验打工？因为近乎刻板的环境与烧烤店完全是两回事，耳边环绕的是嗡嗡打螺丝声，吃的是大锅菜，睡的是八人间的高低床。

当然，也可以提前跟车间主任打个招呼，让他多去孩子身边转悠转悠，盯着他不准偷懒的同时，也帮忙照应下孩子的安全。孩子在这里不仅尝不到任何甜头，还能切身体会到生活的艰难和人情冷暖，他就会在心里有个对比：读书真是很幸福的一件事情，没有学历和手艺，以后就只能干苦工。

除了工厂，趁寒暑假去做做货运也是个不错的选择，别说干一天了，就是搬上两三个小时货物，也够孩子受了。总而言之，家长们一定要切记，孩子打工千万不能去 KTV、烧烤店这样的地方，因为那里社会关系复杂，也不需要多少体力，很容易就会让孩子迷失了自己。

但有一条红线：要体验生活，至少得 16 岁以后。

孩子，希望你还没有误入歧途

关于"打工"这个话题，我还想和读这本书的孩子多唠叨几句。

孩子，你是不是经常感觉学习很累，觉得自己不是学习的这块料，疑惑考大学到底有什么用？明明读完高中就能出去挣钱，为什么非要逼着自己读大学？

如果你现在满脑子都是这样的想法，我告诉你，你已经离踩红线不远了。现在，耐下心来，听我给你说道说道。

就算成绩不好，也要"混"出学历

你成绩不好，会混学历也是一种本事。哪怕今天数学课上讲的东西，你一句话也听不懂，你都得坐着，而且还得坐稳了，这是你今后在社会上立足的基本功。

你现在是被父母、被学校保护着的，父母和老师都是真心对你的。等你进入社会，你会发现社会规则与学校里截然不同，社会上更多的是讲究利益，强调的是等价交换。如果你没有头脑、学识和技术，在有些人眼里，你可能就是一件待价而沽的商品。学校把你保护得很好，即使同学欺负你了，你也不会出很大的问题，老师、保安立刻就来帮你处理了。一旦走出校门，踏上社会，作为一个不谙世事的人，你心智还未成熟，没办法应对各种复杂的环境。

经历过社会的毒打后，你一定会明白知识的重要性。为什么父母苦口婆心一定要你读书？因为你现在经历的许多情绪和困扰，他们都经历过，谁都是从懵懂无知成长起来的，你要理解他们，体谅他们的苦心，他们也许不太会表达，但绝不会害你。正因为他们切身体会到了学历的重要性，才不希望你走弯路。所以，你最起码要搏一个本科，再不济，大专学历一定要有。校园生活就这么几年，以后你再想进来就很难了。

退一万步说，你如果非要不满 18 岁就出去闯荡，那就算是"混"都要混到中专或者职业高中毕业再说。有了毕业证，你发现自己闯荡不下去了，还可以回来参加高考，可以读正规大学。但如果你只是初中生，中途辍学的话，就失去往上爬的可能性了。

我知道你在学校可能学不进多少知识，没关系，你就坐住了、熬住了。就像跑马拉松一样，坚持下来以后，你一定会有所感悟的。

这两个真实案例，真不是吓唬人

先说第一个真实故事，我是听一个朋友说的，主人公是他的初中同学。那还是十几年前，这位同学学习成绩其实还可以，平时喜欢看电影《古惑仔》，很崇拜里面的主人公。他 16 岁时选择了辍学，之后的第一件事情就是去文了一个十字架的文身。然后，他去给饭店做搬运小时工，主要是搬运可乐。货运卡车来了以后，他要负责将可乐一箱一箱扛到饭店里，一个小时 8 块钱。那可不是罐装可乐，而是玻璃瓶装的，所以非常沉。刚开始他觉得很开心，后来渐渐就体力不支了。有一次，一个没站稳就从卡车上面摔下来，一箱玻璃瓶子摔得粉碎，他被锋利的玻璃碎片割到了大动脉，大出血死了。

第二个例子是我的同学，故事发生在将近 20 年前。他初二起就不读书了，去了冶炼厂当打铁工。有一天下工，工段长点人头，点来点去少了一个，发现他还没有从厂里出来，大家都返回去找，结果人是找到了，把大家都吓傻了，原来是因为个子太小、体力不支、掉到机器里了，人已经不成样子了。

这两个例子都是活生生、血淋淋的，对于某些无良老板来说，他们可能并不会为一个孩子的死而伤心难过，他们只想着压榨你的劳动力，即使让你干的是很危险的工作，他们也无所谓。最伤心难过的是谁？是你的父母。

在你还没有学会怎么明辨是非，还没有强大到足以保护自己的时候，为什么要急着逃离父母和学校的保护呢？你的学习生涯只有短暂的十几年，后面还有漫长的几十年工作等着你，你着急什么呢？还是踏踏实实地回到学校，好好捧起书本，享受你短暂的幸福时光吧。

我坚决反对女生校外兼职

我之所以极力反对女生校外兼职，是因为兼职会导致她原本坚定的专升本、考研等学术目标逐渐淡化。尤其是那些低端的服务行业岗位，如餐馆服务员、酒店前台等，往往要求长时间地工作，她有可能为了低廉的报酬，牺牲掉本该用于学习的时间。

在这样的环境下，她也可能会开始质疑："学历真的有用吗？提升学历又能带来什么？"这种负面思想一旦产生，就会严重损害她的求学价值观，让她在人生的关键阶段迷失方向。

校外兼职带来的安全隐患也不容忽视。一旦踏入社会，女生将面临形形色色的人。与学校内相对单纯的环境相比，校外世界复杂多变，有的人可能伪装得十分和善，用各种手段接近并诱骗年轻女孩。

此外，校外兼职还隐藏着各种陷阱与误导，对于涉世未深的女生来说，外面的世界充满了未知与诱惑。一些不法分子会利用她们的无知与单纯，通过花言巧语、物质诱惑等手段骗取她们的信任与财物。比如，承诺高薪职位、赠送贵重物品等，实则是为了把她们拉入传销、诈骗等非法组织。一旦陷入其中，不仅个人财产受损，更可能会危及人身安全。

如果家里经济条件确实困难，需要兼职来缓解压力，我建议可以在学校内部寻找兼职机会，如图书馆助理等，既安全又能锻炼能力。

最后，我也建议家长们在家里经济负担不重的情况下，适当提高自己女儿的生活费标准，以减轻她的经济压力，不要让女孩因为物质匮乏而被迫出去打工。毕竟，相比于短暂的金钱收益而言，女生的安全、健康与未来才是家长最应珍视的财富。

梭罗离开木屋后，去了哪里

1837 年，梭罗从哈佛大学毕业了，与现在的大学生们一样，他和他的同学们也面临就业的问题。他先是做了一段时间教书先生，几年后，他拿着少量的生活必需品，独自一人搬到了瓦尔登湖。在那个荒无人烟的地方，他耕种、捕鱼、采摘，自己盖起了小木屋。这样离群索居的生活，他过了两年零两个月，《瓦尔登湖》记录的就是他这段时间的生活和思考。

离梭罗大学毕业已经过去了十年光阴，当年的不少同学都有着丰厚的工作报酬，他却再次收拾起了行李，静静地离开了生活两年多的小屋。《瓦尔登湖》出版后，很多人以为他是在鼓励大家去过这样离群索居、极端简朴的生活，对此，梭罗是这么说的：

"其实我倒不强求别人采取我的生活模式，既因为在他熟练掌握这种方式之前，我自己可能已经过上了另一种生活，也因为我希望这世界上有尽可能多与众不同的人。我盼望每个人都能非常清醒地去发现和追求他自己的生活方式，而不是模仿他的父亲、母亲或者邻居。"

梭罗的这段话，我多么想送给读这本书的父母们！

父母的老路已经不好走了

我们每个人都是被时代的洪流裹挟着前进的，然而，有些观念可能一时之间很难撼动，比如学历高意味着工资高，可是，我们不得不承认的是，教育带来的回报率正在不断下降，学历时代正在成为历史，想要通过提升学历来提高收入，在未来会变得越来越难。

学历时代可以大致分为三个阶段，其中又以 1999 年高校扩招为分水岭。

第一个阶段就是 1978 年恢复高考到 1998 年，那时社会上文盲较多，所以大家的普遍认知就是学历至上，谁家要是出一个本科生，那可是了不得的大事，单位里分房子都优先考虑。很多人都是从那个年代过来的，他们的同龄人中确实有靠学历逆袭的，大学毕业顺利进入体制内，端起了铁饭碗，他们理所当然地希望孩子也走这条路。

第二个阶段就是从 1999 年到 2020 年。1999 年高校开始扩招，当大学生不再稀缺甚至开始过剩时，高考就不再是独木桥。学历贬值的同时，就业市场的门槛开始逐步抬高。以前，博士、硕士和本科毕业的薪酬待遇差别还是很明显的，可是现在的差异已经不那么大了。

第三个阶段，我称之为"后疫情时代"。三年疫情对我们整个社会的冲击是很大的，也让很多人看清了国内外形势。反映在教育上，很明显的趋势就是，很多原本准备出国留学的孩子，发现我们的祖国是最安全可靠的，于是转而选择报考国内顶尖大学。于是，非 985、211 院校的本科生，就要面临更加严峻的就业挑战。两极分化现象在不断加剧，强者愈强，弱者愈弱。

"双减"政策背后的深意

后疫情时代，"双减"政策的出台，其实就已经给各位还在卷学历、卷成绩的家长敲响了警钟。不少家长为此都很焦虑，原本孩子还能靠课外补习勉强维持中游成绩，"双减"了以后，不能补课了，孩子的成绩怎么办呢？

我想说的是，这项政策给予了孩子更大的发展空间。过去的教育模式刻板单一，无法满足个性化和多样化的教育需求，只是一味追求更好的学习成绩。可是，在这样的评价体系中成长起来的孩子，他们实际工作能力并不能与傲人的简历相匹配。我有个朋友在出版社工作，他们最近刚刚劝退了一个清华毕业的博士，因为他在为人处世上完全不懂得变通，在工作执行上也总是我行我素。他们计划出版更加通俗的图书，他却按照大学里写论文的标准来报选题，导致他的选题报告无法通过审批。几次下来，主编忍无可忍，就让他走人了事。

在新旧教育体系变革的时代，阵痛是难免的，不适应也是正常的，毕竟"时代的一粒灰，落到个人头上，就是一座山"。家长和孩子应该做的，是要敢于将自己织入时代的经纬，及时调整策略。"双减"政策鼓励孩子们多参加体育运动和文化活动，其实就是在告诉人们，以后就业市场里，有个性、有棱角、灵活度高的孩子才是真正吃香的。

无处可卷之后，不卷才是出路

大家卷来卷去，无非卷这几样：高学历、考研、考公。我来帮大家分析分析，为什么再卷下去也没啥意义了。

先说学历，以前拿高薪的人都会选择去哪些行业？互联网、金融和房地产。眼下呢？这些行业反而成了面临裁员压力最大的。还有外资企业，也是很多高学历的海归就业的首选，但这几年外资出现了一定程度的撤离，这就意味着一条重要的就业路径也缩窄了，很多人怀揣着海外文凭，却发现自己没有多大优势。

这两年，私立高校的学费开始上涨，有的本科专业学费涨幅甚至高达50%。以前的学生可以公费读研究生，但是现在你会发现，有些高校连宿舍都不给研究生提供了。这就意味着"卷学历"的成本越来越高，回报却越来越低。所以，现在考研热已经开始降温了，2023 年的考研人数相比 2022 年减少了 36 万人。

不考研的人去哪里了呢？专家分析这些人都去考公务员了。2023 年，国考竞争尤其激烈，报名人数第一次突破了 300 万人。而招多少人呢？不到 4 万人。这个录用比例大家算一算就知道了，平均 77 个人竞争一个岗位。但是，大家不要忘了，机构精简是大势所趋，可以预见的是，在卷不动学历之后，考公也会越来越卷不动了。

我并不是反对考公考编考研，而是说并不是每个孩子都要去卷，因为这些本应该是少数孩子走的路！在无处可卷的现实面前，家长现在要做的，是充分认识孩子，找到孩子的定位。孩子成绩一般的原因是什么？是智商问题还是态度问题？孩子成绩不好，你想方设法让孩子补课也是无济于事的。孩子智商没问题，但就是不爱学习，补课机构只是想方设法赚你的钱。最后，家长手上没钱了，孩子什么都没有得到。

你以为逼孩子卷学历、卷编制，是真的为他好吗？体制内早已不再是金饭碗、铁饭碗了。包括教师编制在内，现在已经陆续开始被合同制取而代之。什么是合同制？就是签三年或者五年合同，如果你没有能力、没有技术，照样要离职走人。

现在是编制下行的时代。你可能以为只要有了编制，每天喝喝茶、看看报，还能混个五险一金，而现在变成合同制之后，效率决定一切，不需要闲杂人等，你有能力才能上，没能力就只能走。

逼孩子死读书、卷学历，只会把他的棱角磨平，在家听家长的，在学校听老师的，到了社会上不懂得灵活变通，毫无主见，从而失去创造性和敢于独自面对困难的勇气。

梭罗创作《瓦尔登湖》的年代，正是 19 世纪上半叶，当时的美国正处于由农业时代向工业时代转型的初期阶段，很多人满脑子都只想着怎么赚取更多的钱，在拜金主义和享乐主义的风潮中迷失了自我。当时，梭罗也遭受了生活与工作的双重受创，瓦尔登湖隐居的两年，既是疗愈内心，也是他对不同生活可能性的尝试。但他并不如外界想的那样把自己裹在茧中，不问世事，他始终以开放式的木屋为傲，经过的农夫、猎人和乡人，都可以走进他的木屋做客。

最终，梭罗离开了瓦尔登湖的森林，一如他当年扛着斧头走进森林一样。当人们羡慕他的隐居生活，并想要仿效他时，殊不知，他已经开启了另一段奇妙的人生旅程。他只是想告诉我们：请对生活多一些想象，不要盲目陷入某种特定的生活方式。正如《瓦尔登湖》最后所说的："一个人如果能够满怀自信地在梦想之路前行，努力去实践他构想的生活，那么，他将会收获一种寻常方式难以预期的成功。"

您的孩子具备这五点特质吗

家长们应该更加关注孩子的兴趣和特长，鼓励他们发展自己的个性和技能。哪怕孩子去读中专、职高，只要孩子能够发挥自己的优势并为之努力奋斗，就一定能够在未来获得属于自己的成功。

如果您的孩子正处在幼儿园或小学，请仔细观察他是否具备以下五个特质。

第一，乐观的心态。请想象这样一个场景：孩子的分数常年徘徊在班级的倒数行列，老师时有责备，同学们也可能因此嘲笑他。但他却能吃得香、睡得稳，仿佛这一切都不值一提，觉得"还有比我考得更差的呢"。家长可能因此觉得孩子"没救了"，但我们反过来想想，这种超乎寻常的乐观与豁达，说明他心态强大。未来步入社会，这样的孩子可能会不惧挑战，在任何环境下都能游刃有余。

第二，对美的追求。孩子喜欢照镜子，爱打扮自己，平时会经常整理自己的头发，喜欢穿漂亮、有风格的衣服，这些其实都传递出一个信息：他们对美有着一定的敏锐度和感知力。当下社会里，有很多职业都很重视颜值和审美，爱美的孩子无疑更具有竞争力。更重要的是，这也是他们爱自己、对生活乐观积极的表现。

第三，独立思考与反驳能力。您的孩子是否敢对老师的"金科玉律"提出质疑，勇于表达自己的观点呢？这种不盲从、不随波逐流的品质，正是独立思考能力的体现。在未来的社会竞争中，这种能力将使他们更加自信、更加有主见，不会轻易被他人所左右。

第四，探索欲与冒险精神。有的孩子喜欢动来动去，好像对什么都感兴趣，就是闲不下来，往往被误解为调皮捣蛋。但实际上，这些行为的背后，隐藏着他们对未知世界的好奇心和探索欲。这种勇于尝试、敢于冒险的精神，正是科学家、探险家等杰出人物所共有的特质。

第五，热爱生活与大自然。孩子对大自然的热爱，不仅体现在他们喜欢户外活动上，更体现在他们对生活的热爱和珍惜上。这样的孩子通常更加乐观、充满正能量，他们懂得欣赏生活中的美好瞬间，也懂得如何从自然中汲取能量。

如果您的孩子具备以上五个特质中的任何一个或多个，请相信，您的孩子一定是非常优秀的，他们的未来充满了无限可能与希望。

孩子沉迷电子产品、游戏的应对攻略

有人抱怨说，科技已经入侵到孩子的世界了。经常有家长问我，孩子沉迷于手机怎么办。我有个朋友，博士毕业，还是大学老师，可他照样因为自家孩子半夜里偷偷在被子里玩游戏而一筹莫展。有人建议他设定密码，或者开启青少年模式，他表示对孩子完全没用，他甚至开玩笑说，孩子可能有做黑客的潜质，因为他总能破解设定好的密码。

致命的巅峰体验：玩游戏是如何毁掉孩子的

对于孩子来说，他们的认知能力还没有完全开发，常常是无意识地跟随喜好做事。游戏中有精美的画面、刺激的通关过程，孩子的喜好早已被游戏背后的创意设计师、美工设计师、动画设计师、编程人员摸得透透的。游戏公司非常了解多巴胺、内啡肽和血清素产生的规律，为了彻底套牢玩家，游戏公司就设置了"玩两局解锁一个新功能""升一级得到一个宝箱"的奖励机制，不断给予满足感，让孩子沉迷其中，产生快乐、愉悦。如果没有家长们的正确引导和控制，他们就会顺着游戏带来的即时满足感走下去，专注力会越来越差。

我接触过一对父母，他们是老来得子，50多岁才有了这个儿子，自然是视若珍宝。孩子小的时候，尽管家里日子过得紧巴巴，但只要孩子想要什么，他们省吃俭用都会满足。儿子上小学一年级，那时手机用的还是诺基亚，他想要一台任天堂游戏机，当时夫妻俩工资才四五百元一个月，但做父母的二话不说，用一个月工资给儿子买了一台。过了几年，孩子越来越叛逆，成绩也总是垫底，但他对游戏的瘾越来越大。那时候，一台电脑要1万多元，爹妈就把自己五年积蓄拿出来，孩子天天在家里打电脑游戏。最后，父母已经完全管不了孩子了，只能任由他辍学在家，做了啃老族。

总之，家长们一定要尽早干预，孩子可以玩游戏，但千万不能过度沉溺。

《我在上东区做家教》这本书里，作者提到了一个词叫"巅峰体验"，她在富豪家庭做家教，见到了形形色色的富二代，这些孩子虽然锦衣玉食，但一直处于不安的状态，很难感受到幸福。造成这种情况的原因，就在于他们过早享受到了过多的"巅峰体验"。在我看来，这种体验不分贫富，像前面的这个网瘾少年，由于父母的溺爱，他得以时时在游戏里体验到"巅峰"带来的快感。相比之下，日常生活与学习就显得太平淡、太枯燥了，只有在游戏世界里，他才是无所不能的那个人。久而久之，孩子就会沉溺于虚拟世界，进而导致自闭和抑郁。

电子产品和游戏不是洪水猛兽

说了那么多电子产品和游戏的弊端，但我也想劝家长带着批判性思维来看待这个事情。其实不要说孩子，你去公共场所看看，有几个人是不在看手机、打游戏的？喜欢电子产品和年龄没关系，因为这已经是一个很普遍的社会现象。

所以，请不要去仇视电脑、仇视手机、仇视游戏。同样面对一台电脑，为什么有的人只能整天用来玩游戏，但有的人却能通过电脑创出一番事业？我要请家长们先思考下，你们是如何看待手机和电脑的？你们对它的定义是什么？是工作的工具、游戏的载体、学习助手，还是害人的精神鸦片？这个定义非常重要，因为这直接关乎你怎么引导孩子去使用它。

无论什么产品，都是为人所用的，主动权自始至终都在人自己手里。当你打开抖音时，我相信你们也会被里面的内容吸引，一刷就是一两个小时，孩子有样学样，也会把刷抖音当作休闲娱乐的方式。如果我是父母，我会对孩子说："你可以玩抖音，但你要去思考怎么拍属于自己的短视频。你觉得这个视频好，它好在哪里？它为什么吸引你？你能不能去学习这个主播的口头表达能力、拍摄方式，然后自己拍一段类似的视频？"这样的话，孩子可能会根据你的引导，有意识地去观察、去模仿、去思考。这个时候，手机就被你重新定义为"学习助手"。

游戏产品也是如此，我们不能一味怪游戏，而是要和孩子一起筛选他玩的游戏。游戏也有优劣之分，寓教于乐的游戏也会包含很多知识，适当玩一下游戏，对开发孩子的大脑也是很有帮助的。但孩子毕竟自控能力较差，需要家长来把握好这个度。

设定家庭规则，帮孩子挣脱电子产品的束缚

孩子对电子游戏的沉迷，家长们是要负主要责任的，大家可以问问自己：孩子为什么会去玩手机？孩子又没有钱，他从哪里获得这些设备？无非两种情况：一种是家长给孩子买设备的钱，另一种是孩子直接拿家长的设备去玩。比如在地铁上，孩子哭闹不止，家长为了省事，就把自己的手机塞给孩子，孩子立刻就被屏幕上的内容吸引，马上就安静下来。家长不会认为这样的做法有什么不对，他们只要快速解决孩子哭闹的问题就可以了，殊不知，一种非正常反馈的隐患就此埋下了。对此，我分享一些方法，希望可以有所帮助。

严格控制使用时间：这一点非常重要，尤其要跟孩子事先约法三章，比如每天玩手机不超过30分钟，周末每天的手机使用时间不超过1小时。另外，家长尽量不要在孩子面前玩游戏、刷抖音，以免引起孩子分心。

提高电子产品使用门槛：心理学上有一个门槛原则，就是你想要得到某

样东西，必须付出一定的代价，太轻易得到的东西，是不会被人珍惜的。孩子想玩手机游戏？可以，先把今天的作业做了。想刷抖音视频？可以，先录一段1分钟的英语口语视频或者去跳20分钟跳绳。总之，你要拥有半小时或1小时的手机，就要拿出与之相匹配的实力。贯彻门槛原则会带来一种心理效应，那就是孩子知道，不管是手机还是电脑，都不是能轻易得到的，自己只有付出一定的反馈才能短暂拥有。

所以，当家长问为什么孩子就是喜欢玩游戏的时候，请先扪心自问一下，孩子得到手机的难度是不是太低了？他一要，你就给，这样毫无底线和原则，孩子非但不会感恩父母，当有一天父母不让他玩时，他反而会大吵大闹。

不要给孩子太多钱：家长给孩子零用钱要适可而止，因为孩子的自控力是很差的，一旦有了钱，孩子玩游戏就更容易了，毕竟游戏中好看的皮肤、装备都要用到钱。

总之，家长们要把握好孩子玩游戏的度，完全屏蔽也不现实，那就让孩子如同机器一样，慢慢地运转。

电子产品可以作为学习的工具

现在的孩子跟过去不一样，过去没有电子产品，放学回家或者节假日，约上三五好友一起玩，通过体育运动、做游戏的方式放松身心、收获友情，在玩的过程中，孩子们的头脑也会变得非常灵活。但现在的家长们总是喜欢把孩子关在家里，好不容易能喘口气，孩子反而不知道该如何利用好空闲时间，电子产品就是用来打发时间最好的工具。家长如此，孩子也是如此。

游戏之所以吸引人，因为它有一个即时奖励机制，能让孩子感受到极大的成就感和胜任感。作为家长，如果不想让孩子沉迷其中，就要想办法引导他们关注更健康的事物。比如很多孩子都喜欢刷短视频，家长们可以鼓励孩子不要总当观众，而是可以尝试自己成为一个小主持人，自己创作一个小视频，父母可以帮助一起编写简易脚本，然后将视频平台变成一个锻炼口才和逻辑思维的工具。如果他很喜欢，那就正好借此锻炼能力；如果他觉得很难，就教他以学习的眼光刷短视频。

远离网瘾群体

如果孩子已经很痴迷电子产品了，家长们该怎么办？其实我自己也曾很喜欢玩网络游戏，但当时我的年纪已经不小了，二十五六岁的时候，玩了一年多，天天在网吧和一群网瘾少年在一起打游戏。后来，我知道不能继续这样下去了，就强迫自己戒断了游戏瘾。

所以，从我的亲身体验来说，千万不要结交网瘾重的孩子，俗话说一个人是一条龙，三个人凑在一起就是一条虫了。家长们可能一时不能阻止孩子玩游戏，但一定要阻止孩子去网吧玩游戏，因为在那个氛围中，孩子是经不起诱惑的。尤其玩游戏会相互攀比，比较谁游戏打得好，谁又打了什么怪物，谁练的级高，这样的环境对孩子来说是非常不利的。

此外，家长们也可以在手机上设置青少年模式，不要安装太多的手机游戏。平时在学习之余，多带孩子去图书馆、博物馆、美术馆等高雅场所观摩学习，鼓励他积极参与社交活动。面对面的交流有助于建立真实的人际关系，减少对虚拟世界的依赖。

与对的人顶峰相遇

警惕情感世界中的非理性心理

如果你是一名学生，我想给你介绍几个简单的心理现象。

第一种：斯德哥尔摩综合征

在情感的世界里，有人会陷入一段不健康的感情关系中，心理学家称之为"人质情结"，又叫斯德哥尔摩综合征。我们时常听到这样的故事：一个男人对自己的妻子或女友施暴，但当他受到外界指责时，受害的女性却站出来为他辩护，声称："这是我们之间的事，谁要你多管闲事？"这种情形，正是斯德哥尔摩综合征的典型表现。受害者因为长期受到施害者的控制和威胁，逐渐产生了对他的依赖，认为施害者是其生活中不可或缺的一部分。

这种依赖和感激并非真正的爱情，而是一种病态的心理扭曲。真正的爱情应该是建立在平等、尊重和信任的基础之上的，而不是一方对另一方的控制和施暴。

第二种：山鲁佐德情结

在古老的阿拉伯传说《一千零一夜》中，山鲁佐德以智慧与勇气，用一千零一夜的故事，成功地改变了暴虐皇帝的命运，最终赢得了爱情。这位宰相之女的故事穿越千年，依然在很多女孩的心中激起涟漪，形成了所谓的"山鲁佐德情结"。

"山鲁佐德情结"并非单纯地向往爱情，它更多的是一种坚信自己能够感化他人、改变命运的信念。在现实中，很多女孩都期待着自己的生命中会出现一个"坏坏的王子"，受言情小说的影响，那些"霸道总裁爱上我"的故事总是会让女孩们相信，自己就是那个让浪子回头的人，无论多么冷漠的心，最终都会被自己融化。

然而，在这种"恋爱脑"的驱使下，女孩们通常迷失在虚假的爱情中。好的亲密关系并非单向的付出与感化，而是需要建立在健康、平等和尊重的基础之上的，失衡的关系是很难长远的。

第三种：罗密欧与朱丽叶效应

在莎士比亚的经典悲剧《罗密欧与朱丽叶》中，两位年轻恋人的爱情在家族世仇的阴影下绽放，却也因此而遭受重重阻碍。他们的爱情仿佛成为一场反抗，与家族、与命运、与整个社会规则相抗衡。这种因外界强烈反对而更加坚定的爱情现象，被心理学家称为"罗密欧与朱丽叶效应"。

在现实生活中，这种效应也时有显现。有些女生在面对家人和朋友的劝阻时，反而会更加坚定地选择与她们眼中的"渣男"在一起。当一段关系被外界普遍质疑时，应该冷静地审视这段关系，盲目反抗往往会让女孩自食其果。

女孩们，请擦亮眼睛，远离不好的感情

说实在的，高中阶段就谈恋爱的孩子，最后能修成正果的少之又少，甚至有些女孩会因为认清男友不过是个"渣男"，从而造成严重的心理创伤。那么，我们该如何擦亮眼睛，避免深陷情感的泥沼中呢？

记住我的话：关键不在于试图改造这些"烂人"，而是要持续自我提升，让自己的价值不断增值，提升自己的眼界，这才是正确的道路。

就像蚂蚁与巨龙生活在不同的世界，蒲公英的种子与天空中的彩云也难得相遇。它们各自有着不同的轨迹和天地，彼此永远不会知道对方的存在。同样的道理，当你把时间和精力都聚焦在学业上，充分利用好人生中记忆力、专注力最为出色的黄金时期，那么，你就将如同初升的朝阳，未来将会有无限的可能和机遇。尤其对于女孩子来说，更应该擦亮眼睛，保护好自己，因为在感情和婚姻问题上，社会舆论对男性的宽容度，是远高于女性的。

早恋并非青春的必经之路，希望大家能把年轻时的热情和精力投入更有意义的事情中，与喜欢的人顶峰相见。

孩子早恋，父母如何妥善处理

作为父母，应该如何处理孩子的早恋问题呢？我想通过一个具体案例，和大家一起探讨这个问题。

16岁的小L性格活泼开朗，虽然成绩并不算出类拔萃，但相貌出众，很容易引起男孩子的注意。有一段时间，小L的妈妈频繁与我连线，因为她最担心的事情发生了，她发现女儿与班里的一个男生好上了，两人通过手机频繁互动。

我建议小L的妈妈不要为此表现得过于焦虑和担忧，因为这会在无形中影响孩子的心态。我提议她选一个合适的时机，母女俩开诚布公地谈谈。比如可以在出门散步的时候，人在处于放松的状态中，比较容易敞开心扉。据小L妈妈后来说，虽然自己尽量表现得态度温和，但女儿还是很紧张，对母亲的询问也表现得很不耐烦。

我告诉小L妈妈，孩子有防备心是很正常的，家长不要指望一次谈话就能解决问题，毕竟两个孩子还处于你侬我侬的甜蜜期。只要把握好原则，比如晚上不能夜不归宿，电子产品的使用也要与女儿约法三章，减少二人联系的机会。同时，周末和节假日，尽量多带孩子去博物馆、图书馆等场所开阔眼界、增长知识，引导孩子把精力集中在学业上。

小 L 妈妈听从了我的建议，在后来的几个月时间里，她没有再给孩子施加压力，也没有表示出反对或指责，只是偶尔会把话题往早恋可能会带来的负面影响上引导，但也只是点到为止，在孩子心中种下一颗反思的种子，等待种子自己慢慢生根发芽。

经过一段时间的努力，小 L 与男生之间的热情逐渐消退，后来，她与那名男生的关系也逐渐回到了正常的朋友范畴。

如何预防女儿被骗

如果您是一名父亲，请给予您的女儿足够的宠爱与满足。这里的"宠"并不是无原则地溺爱，而是建立在理解与尊重基础上的合理满足，让孩子从小感受到家庭的温暖与物质的基本保障。在这样的环境中成长起来的女孩，不会轻易因为他人给予的小恩小惠就动摇，因为她们的内心深处，已经建立起自我价值感与安全感，明白真正的幸福并不是来自物质的堆砌，而是内心的充实与满足。

另外，父亲的角色在女儿的成长过程中尤为重要。请务必抽出时间陪伴她，无论是夜晚的安徒生童话时光，还是白天的户外探险，都是加深父女情感、传递正能量的宝贵时光。当她把父亲视为世界上最优秀的男人之一时，她的择偶标准自然会提升，对于那些试图以廉价手段诱骗她的人，她就能够具备更强的免疫力与辨别力。

母亲的角色也很重要。母亲拥有丰富的人生经验与女性特有的细腻情感，请利用这些优势，从小向女儿传授您的生活智慧与防骗技巧。母女之间，应该在适当的时候，以开放、诚实的态度，共同讨论爱情、友情或人际关系中的敏感话题。这样的交流不仅能增进母女间的信任与理解，还能让女儿在面对复杂社会时更加从容不迫、机智应对。

最后，父母要培养女儿独立思考与自我保护的能力，让她学会在面对诱惑或困境时，能够保持冷静、理性分析，并勇于说"不"。同时，平时要教给她一些基本的自我保护技巧，如遇到危险时如何求助、如何辨别真伪信息等。这些能力将伴随她一生，成为她抵御外界侵害的坚实盾牌。

女孩，你一定要有"狠劲儿"

我的工作让我能接触到形形色色的家庭，我也时常观察家长身边的孩子，尤其是那些女生。她们有的活泼开朗，有的文静内敛，但不论哪种性格，我都希望她们能够学会一点"虎气"，而不是一味地乖巧听话。

生活并非总是甜蜜的糖果

我身边有这样一个案例：女生小 Q 的家境并不富裕，父母对她也很少关心，但她非常听话，从小到大都是逆来顺受。进入大学后，由于父母没法按时给她生活费，小 Q 也不敢问父母要，只能选择在休息日打工赚钱。

在一家小饭馆里，小 Q 开始了她的打工生涯。饭馆的老板是个中年男子，为人和善，对小 Q 也颇为照顾，缺乏家庭温暖的小 Q 很珍惜老板一家对她的"情谊"，慢慢对他们也产生了依赖心理。老板家中有个儿子，智力平平，性格木讷，一直讨不到老婆。在老板夫妇的撮合下，小 Q 同意与老板儿子交往。

起初，小 Q 或许是被老板夫妇的"好"所迷惑，又或许是因为自己内心的孤独和渴望温暖，她并没有拒绝这段感情。然而，这段感情的结局却是悲惨的。小 Q 在大学期间怀孕了，而老板家则以"读书无用论"为由，让小 Q

辍学，与他们一起打工创业。

就这样，小 Q 的青春和未来就在打工和生育中消耗殆尽，因为缺乏主见和辨别能力，让自己陷入了一个又一个泥潭。老板儿子性格暴戾，婚后经常对小 Q 施暴，在生下两个孩子后，小 Q 的身体和心灵都遭受了巨大的创伤。最终，她在 26 岁那年选择了离婚，而老板一家同意离婚的前提是：小 Q 净身出户，两个孩子一个都不准带走。

谁说"吃亏"就是福

有不少父母会给孩子灌输"吃亏是福"的理念，在某种程度上，他们可能是希望孩子戒骄戒躁，希望孩子学会坚韧和宽容。对于这样的教育理念，我并不是完全认同，尤其对于女孩子来说，有时候吃亏带来的不是福报，反而是长久的伤痛和遗憾。从失败中汲取经验无可厚非，但有些亏绝对不能吃。

尤其是身处校园的女生，还没有见识过世界的纷繁复杂，手里的零花钱也有限，对于他人的小恩小惠便容易心生感激，还会有一些愧疚心理，觉得不能辜负别人的付出，可能在并不了解对方真实背景，甚至不清楚对方是否已婚的情况下，就被花言巧语所迷惑了。

即使你已经踏上社会，也不能因此放松警惕，对男人的考察要全面而"狠辣"，这里说的"狠辣"不是指要手段、玩心机，而是要让男人知道：你不是一个可以随便拿捏、随意轻薄的女生。理性和成熟的女性，会将对男性在经济层面的要求摆出来，这不是庸俗的拜金主义，而是考量感情的重要因素。婚姻是一辈子的事情，除了品行和经济状况外，还要注意男方是否有生理疾病，万一对方真的患有某种可能伴随一生的疾病，那这样的"亏"岂不是要吃上一辈子？这是对自己未来生活的不负责任，是愚蠢的表现。

作为学生，你一定要多读书，多思考，多长见识，多见世面，这能够让你在应对复杂的环境时从容不迫，而不是被别人牵着鼻子走。

"虎妞"不是贬义词

你愿意成为一个老实的女孩，还是一个不怎么听话，但很有主见的女孩？

从我接触过的家长们来说，大部分还是希望女孩乖巧、文静又老实。但生活很现实，当一个女孩的家庭背景很一般，会缺乏人脉、资源、关系等外部支持，如果她成绩也不太好，就更容易不自信。这种情况下，家长还是一味地希望孩子是个乖乖女，反而会让女儿在集体环境里受到忽视，甚至成为被欺负的对象。在学校里，总有些学生性格顽皮，他们并不懂得尊重与界限，喜欢以欺负这类看似"软弱"的女孩为乐。此外，如果女孩过于内向，在班级活动中也不敢主动表达自己，最终会错失许多成长与锻炼的机会。

更重要的是，内向文静的女孩在进入青春期后，面对更为复杂的人际环境，比如班级与寝室生活，她们更容易遭受不公与欺凌。从心理学的角度来看，过于文静的孩子往往是因为不敢表达，她们内心积累了过多的压抑与困惑，久而久之就容易引发抑郁情绪。特别是那些过于懂事、文静的女孩，当她们受到冒犯或伤害时，由于不知道如何表达自己的情感和需求，可能会采取极端的行为，如自残、抑郁甚至逃避学校等。

反观那些有主见的女孩，她们往往性格外向，在学校里锋芒毕露，我还见过有些调皮的男生，甚至会给那些不好惹的女生起"虎妞""辣妹"之类的绰号。当然，真正的强大并非外在的强悍，而是内心的坚韧与智慧。有些女孩子虽然成绩平平，却勇于尝试如播音、舞蹈、声乐等课外活动，她们在自信与社交能力上收获了满满的成长，校园生活也因此而丰富多彩。

女生如何让自己"狠"起来

父母终将老去……

女孩子们，请务必让自己成为那朵既娇艳又带刺的玫瑰，展现出不容忽视的力量与魅力。你们不必完全顺从父母，追求琴棋书画样样精通的淑女形象。因为，即便花朵再美，如果失去了自我保护的能力，也可能会在风雨中凋零。

在这个复杂多变的社会里，单纯的老实与温顺，并不总能换来他人的善待与尊重。当你们步入社会后，无论是职场、校园还是更广阔的人际圈，都需要具备应对挑战、保护自己不受欺凌的能力。因此，我非常鼓励你们尽情展现活泼、外向的一面。

请记住，这是一个充满竞争与挑战的世界，它更像是一片丛林，强者生存而弱者淘汰。如今的社会更加现实，更加看重个人的实力与自我保护能力。因此，我希望你们能够成为一朵带刺的玫瑰，不仅是为了你们自身的安全与幸福，更是为了你们能在未来的道路上更加自信、坚强地前行。

当然，我并不否认学习的重要性，语文、数学、英语等学科知识是你们成长的基石。但在此之上，更重要的是培养自己的人格魅力、社交能力和自我保护意识。特别是对于出身农村家庭的孩子们而言，或许你们没有丰富的资源、人脉或关系网，但这并不妨碍你们拥有一颗勇敢的心和坚韧不拔的性格。

现在，是父母在为你们遮风挡雨，但他们都有老去的时候。到那时，面对职场的竞争、人际的纠葛，以及种种不可预知的挑战，你们只有凭借自己的坚韧和勇气去应对。我相信，那时候的你们，已经不再是只会讲道理，却无力保护自己的"老实人"，而是可以勇敢面对生活的风雨，成为能够守护自己和家庭幸福的坚强女性了。

黄头发并不能证明你够"狠"

你或许是一个性格内向、不善言辞的女孩，总是习惯性地讨好他人，缺乏自信与勇气。我知道，你内心渴望变得坚强，但往往又不知从何开始。你可能觉得那些染发文身、嘴里叼根烟的女生很酷，你想着：也许我也该改变下自己的外形，这样别人才不敢轻易惹我。

我想对你说：不要用文身、染头发来证明自己的强大。一个人的强大并不在于是否有炫酷的外表，而是有决心、有勇气走出自己的舒适区。下面，我来分享几个能真正让女生强大起来的关键词。

一是运动。无论是跑步、跳舞还是跳操，都可以帮助你塑造身材，提升气质。当你运动时，大脑会释放出正能量，帮助你摆脱负面情绪，让你变得更自信。

二是表达。尝试在人群中多说话，表达自己的观点。不要害怕被人反驳，有理有节地争论也是成长的一部分。通过持续锻炼自己的表达能力，你会更容易赢得他人的尊重。

三是筛选。当你变得更自信时，追求你的人自然会增多。但是，不要轻易被别人的花言巧语所迷惑，要学会辨别真伪，筛选出真正值得交往、充满正能量的朋友。记住，你的价值不是由别人来定义的，而是由你自己来决定的。

四是拒绝。社会充满了各种诱惑和挑战，要学会说"不"，对社会上的人和事保持警惕心，坚持自己的原则，保护好自己的身体和心灵。作为学生，尽量少去接触社会人士，就能够避免许多麻烦。

五是提升。不要辜负了大好青春，要努力学习各种知识，并从中发掘自己的兴趣点，提升自己的能力和素质。只有真正有本事的人，才能有足够的资本在社会上立足，才能让任何人不敢轻视你。

陪伴孩子成为"丛林社会"中的带刺玫瑰

作为父母，我们更应该教育孩子：不该吃的亏，不要吃！不该听的话，不要听！

从社会层面来看，这是一个充满竞争与挑战的"丛林社会"，遵循着弱肉强食的丛林法则。如果我们一味地将女孩培养成文静内向、听话顺从的模样，那么，当她踏入社会后，将如何面对激烈的竞争与挑战？尤其是在普通家庭背景下，缺乏外部资源的支持，一个性格内向、缺乏竞争力的女孩是很难在社会中立足的。更何况，许多行业与岗位本就对女性存在偏见，使得女性在就业市场上处于不利地位。

更糟糕的是，社会上还有一些心怀不轨的男性，他们可能会利用女孩的老实听话实施诈骗和欺压。我们不能单纯地认为，只要女孩足够乖、足够老实、足够善良，这个社会就会对她温柔以待。

作为父母，我们有必要在女儿成长的道路上，给予她们更多务实和实用的教育。特别是在青春期这个关键时期，我们应注重培养女孩独立、自信、勇敢的品质，以及良好的社交能力与自我保护意识。我们要让她们明白，社会的复杂与多变，需要具备足够的智慧和勇气去面对。在这个纷繁复杂的世界里，女孩要成为带刺的玫瑰，她们在风雨中傲然挺立，既能绽放美丽，又能以刺保护自己。

我们要教导她们如何在尊重他人的同时，坚守自己的原则与底线。更重要的是要让她们清楚地知道：无论遇到什么困难与挑战，家庭永远是她们坚强的后盾。

当你遭遇了校园霸凌……

"暗黑教授"不堪回首的校园生活

《哈利·波特》系列里，斯内普教授是一个非常特别的人物形象，有人称之为"拜伦式英雄"，孤傲、克制、冷漠、刻薄。如果不是最后一部，作者向所有的读者展现了他深埋心底的记忆，可能他在所有人心目中，就是一个不折不扣的反面人物了。谁也想不到，看似不可一世的斯莱特林学院院长，竟然也曾遭遇过校园霸凌，而欺辱他的人，正是哈利·波特的父亲——詹姆·波特领导的"掠夺者"团体。

詹姆带领的霸凌团体采取的羞辱手段带有明显的恶意，他们利用斯内普的弱点或恐惧来制造笑料，用尖酸刻薄的话语来嘲笑斯内普的外貌、能力或家庭背景，让他感到自卑和无助。这段经历不仅影响了他的性格和行为，也让他在后续的生活中背负着沉重的心理负担。他变得孤僻、冷漠和报复心强，对于任何可能威胁到他的人或事，都保持着高度的警惕和敌意。即使他成为教师后，对待学生的态度也很恶劣。他将怒火和怨恨埋藏在心底，对黑魔法如痴如醉，因为他希望自己有朝一日能够足够强大，可以用他的魔法能力来反击任何人。

魔法世界是虚构的，但小说描绘的校园霸凌却很真实。其实，年轻人遭遇欺凌的概率比我们意识到的大得多，只是很多时候，家长们并没有意识到孩子遭遇了霸凌，而孩子对此可能也懵懵懂懂，甚至还真以为是自己不够好，或是做错了事情，才会遭到惩罚。

无论你是家长还是孩子，首先要清楚怎样的行为算作霸凌，如果遇到他人以羞辱和伤害自己为目的，故意对自己做出带有攻击性的、恶毒的，或侮辱性的行为，并对此毫无愧意，那么，这就基本可以看作是霸凌行为。霸凌者常常会针对被欺凌者的性别、身体能力、智力能力、体重、社会地位等展开攻击。

"校园霸凌"的形式

语言霸凌：这是最普遍的欺凌方式，比如詹姆嘲讽斯内普为"鼻涕虫"，就是一种语言上的欺辱。霸凌者常常用"我只不过开了个玩笑"来为自己开脱，殊不知，语言作为强有力的攻击工具，往往能轻而易举地让孩子的内心世界崩溃。

身体霸凌：相对于语言霸凌，身体霸凌并不是霸凌者的首选，因为容易留下痕迹。但是，在各种关于校园霸凌的新闻里，身体霸凌并不少见，比如扇耳光、罚跪、拳打脚踢、抓挠、撕裂衣物等。

关系霸凌：哈利·波特本人可能对这种霸凌比较熟悉，因为他经常因为身份问题，被自己学院的同学孤立，但因为作者给他安排了两个亲密无间的好友，所以我们不易察觉。其实，在学校里，一个家庭条件不好、长相一般，平时不太注意个人卫生的孩子，是很容易遭到老师的忽视和同学的孤立的。比如，如果班级里丢了某样东西，大家往往就容易怀疑到家庭条件较差的孩子身上，比如"说不定就是他偷的""离他远点，他爱偷东西"。恶意诽谤、孤立、带有侮辱人格性质的传播隐私，这些其实都构成了校园霸凌，一定要向父母、老师说出自己遭遇的一切，尽早寻求帮助。

家长如何判断孩子遭到霸凌

在孩子回家后，家长们可以多加留意以下迹象：

1. 健康异常迹象：身上出现无法解释的青紫、伤痕和已经愈合的切口；行为举止上，孩子可能表现出如耸肩、弯曲身体等特定的防御性姿态，不敢与他人眼神接触，频繁出现无端的颤抖。

2. 物品消失或损坏：衣物、手机等私人物品突然消失或损坏。

3. 财务问题：孩子频繁地向家长索要金钱，甚至出现偷窃行为。

4. 学业问题：孩子通过撒谎、假装生病等手段回避去学校，成绩出现明显下滑趋势。

5. 情绪波动：孩子表现出紧张、焦虑、易怒，也可能流露出悲伤、沮丧的情绪，不愿意多谈与学校相关的话题。

6. 生活习惯的改变：社交活动减少，对出门玩耍缺乏兴趣，特别不愿意使用公共厕所；睡眠质量下降，频繁做噩梦，甚至可能出现尿床现象。

如何防患于未然

首先，小学和幼儿园孩子的家长们，应当拓宽视野，不要仅仅聚焦于孩子的文化课成绩。在注重学业的同时，更要关注孩子的身体素质和兴趣爱好的培养。让孩子参与足球、排球、篮球、羽毛球、乒乓球等体育活动，或是学习舞蹈、声乐等艺术课程，都能有效提升孩子的自信心和社交能力。如果孩子性格内向，不妨尝试拳击、跆拳道等运动，通过锻炼来增强自我保护能力和心理素质。

其次，作为父母，我们应当避免对孩子过于强势和苛刻。不要总是要求孩子听话、乖巧、老实，因为这样的教育方式会抑制孩子的个性和创造力。相反，我们应该鼓励孩子表达自己的想法和感受，即使他们有时显得叛逆，或者不符合家长们的预期。要知道，孩子的叛逆和逆向思维，正是他们独立思考和成长的表现。如果我们过于压制孩子的天性，让他们在家里变得老实听话，那么，他们在外面也可能会形成条件反射，变得胆小怕事，从而更容易成为被欺凌的对象。

最后，对于性格内向、不善言谈的孩子，如果可能的话，我建议尽量避免让孩子过早地住校，尤其是小学阶段。同时，无论孩子是否住校，家长都应该与老师保持密切的联系和沟通。这不仅仅是出于对孩子的关心，更是对老师的一种尊重。通过与老师的交流，我们可以及时了解孩子在班级中的表现，以及遇到的问题，从而采取相应措施来保护孩子免受欺凌。在学校同学们的眼中，一个受到老师重视和关注的孩子，往往更有地位和尊严，这也能有效减少孩子被欺凌的风险。

该出手时就要出手

首先，一旦发现孩子在班级里遭受欺负或霸凌，我强烈建议您采取一项措施：悄悄地在孩子的书包里放置一个录音笔，这样做可以在必要时提供有力证据。录音笔能记录下孩子遭受欺负的具体情境，为孩子争取正义提供有力支持。当再次发生类似事件时，这些录音将成为您维护孩子权益的重要工具。

其次，如果要维权或申诉，请不要急于找班主任，而是直接联系学校的学工处或政教处。向相关负责人详细陈述孩子的遭遇，强调此事已对孩子的身心健康造成了严重影响。例如，您可以说："我的孩子现在身心都受到了极大的伤害，在家里不吃不喝，情绪极度低落。"这样的表述往往能引起校方的高度重视，促使他们立即展开调查。由于学工处或政教处的介入，班主任就会更积极地召集相关学生和家长面对面沟通，明确表达您的立场和诉求。

最后，作为家长，我们还要教育孩子学会在遭受欺负时勇于反抗和维权。告诉孩子：当受到不公正对待时，要及时向父母和老师求助；同时，也要教会他们一些基本的自我保护技巧和方法。通过这些教育和引导，孩子就会明白，自己有权保护自己不受伤害，并且能够得到家人和老师的支持和帮助。

如何成长为不可欺的强者

亲爱的孩子，我想分享给你们三条建议，帮助你们在校园生活中更加自信、坚强，确保你们免受不必要的欺凌。

第一招：保持自我，不卑不亢

孩子们，请记住，真正的力量源自内心的坚定与独立。不要试图通过讨好他人来换取友谊或认可。这样的行为往往会让别人觉得你好欺负，进而提出不合理的要求。要学会说"不"，保持自己的原则和底线。用平和而坚定的态度与人交往，让别人感受到你的尊重与不可侵犯。你展现出自我价值和独立个性，自然会吸引到真正的朋友。

第二招：建立友谊，融入团体

要主动寻找并加入那些与你兴趣相投的团体或社团，比如体育队、舞蹈队、声乐队等。在这些团队中，你会遇到志同道合的朋友，共同的兴趣爱好会加深你们之间的情感纽带。团队合作不仅能提升你的技能，更重要的是，它会让你知道，在遇到困难或挑战时，你不是孤军奋战。一个团结的集体能够给予你强大的后盾和支持，让欺凌者望而却步。

第三招：勇敢发声，寻求帮助

当你遭遇了校园霸凌，一定要勇敢地向老师或家长寻求帮助。不要害怕被嘲笑或丢脸，你的安全和尊严远比这些更重要。老师是学校里的守护者，他们有责任保护每一位学生免受伤害。当你向老师反映情况时，他们会进行调查并采取相应的措施。请你牢记一点，每一次勇敢发声都是对自己的一种保护，也是对欺凌行为的有力反击。随着时间的推移，那些曾经想要欺负你的人会发现，你并不是一个软弱的目标，从而放弃对你的欺凌。

总而言之，自强自立是抵御欺凌的最好武器。你完全有权利保护自己，享受快乐、安全的校园生活。我相信，只要你们按照这些方法去做，就能在班上建立起自己的小天地，摆脱欺凌的阴影。

男孩不能太老实，有棱角的孩子更有能量

请多给儿子留点面子

如果您的儿子正处在初中阶段，又恰逢青春期这个敏感而复杂的时期，请务必牢记我的话——请给予男孩足够的尊重与面子。我也同样经历过这个阶段，我深知对于男孩子而言，他们的自尊心是敏感的，需要得到父母的呵护。

很多时候，家长出于对孩子学业的关心，会不自觉地陷入"比较"的旋涡。这种不留情面的教育方式，往往会让孩子感到自卑与挫败，进而对学习产生抵触情绪，甚至逃避学校生活。试问，当孩子在学习上遇到困难，成绩不尽如人意时，家长是否应该首先反思：我们有没有尽到为人父母的职责？

孩子考不上高中，成绩不好，或是得不到老师的青睐，这些问题的根源往往并不在于孩子本身，而在于家长的教育方式与观念：对孩子的评价，往往只依托于一纸成绩单，而忽略了孩子其他方面的闪光点与潜力。

假设您的孩子在某次数学考试中只得了 30 分，这并不意味着他就是不听话、不努力的孩子。他的确暂时还没有掌握某些知识点，但除此之外，您的孩子是否还具备其他许多优秀的品质？他是否乐于助人、心地善良？在家里，他是否勤劳懂事，愿意主动承担家务？这样的孩子，难道不值得我们骄傲与

珍惜吗？

我始终强调：一个优秀的孩子，并不在于他的文化成绩有多么出色，而在于他是否拥有一颗善良、正直、勇敢的心。

因此，家长们不妨换个角度思考：学习成绩好就一定能保证孩子的未来吗？考上本科、研究生就一定能找到好工作、过上幸福的生活吗？答案显然是否定的。在这个充满挑战与机遇的社会里，德行与能力同样重要。一个健康、自信、有手艺的孩子，同样能够在这个社会上立足并发光发热。

各位家长，请多给您的孩子一些面子与尊重吧！不要再用那些冰冷的分数来衡量他的价值。您的孩子非常优秀，他的善良与才华远远超出了您的想象。请用爱与理解陪伴他成长，让他在人生的道路上自信前行。

请家长保护好孩子的棱角

市面上的培训班琳琅满目，口才班、逻辑思维班、数字游戏班、少儿英语班，甚至情商班，有的孩子从幼儿园开始，就学习这些"特长"，每天排得满满的，连玩耍的时间都没有。我想问广大家长：孩子还不到 6 岁，你们究竟在攀比些什么呢？

孩子们在这个年纪，爱玩耍就是他们的天性，他们渴望与大自然亲密接触，去探索这个多彩的世界。然而，大人却把他们禁锢在教室的狭小空间里，用一节又一节动辄两三百元的课程，要求他们"听话""乖巧"。在这样的环境下，孩子们不仅失去了童年的乐趣，更可能在无形中塑造了过于顺从的性格。

那么，孩子真正的成长是什么呢？是敢于在泥地里打滚，是能够与来自不同家庭背景的孩子一起玩耍，是学会如何在困境中寻找出路，如何在博弈中胜出。这种在真实世界中的历练，才是孩子最宝贵的财富。

家长们，你们是否意识到，我们过于保护孩子，过于依赖课堂教育，却忽略了自然与社会的教育价值？在动物世界中，王者之所以为王，是因为它们从小就被教会了捕猎的技能，而我们现在的许多孩子，却像那些永远等待父母喂食的小鸟，失去了自我成长的能力。

因此，我呼吁家长们重新审视自己的教育观念。最好的教育，不是那些昂贵的培训班所能给予的，让孩子在自然中探索、在社会中实践、在与人交往中成长，这样的教育才是最有价值的。过于追求短期的成绩与成就，只会让孩子失去长远的竞争力与幸福感。

适合男孩子的特长学习

有很多特长是适合男孩子的，这里只挑选几个典型的来举例。

·声乐

当孩子的声乐技巧得到磨炼，他将在各种场合下展现出更加自信和从容的姿态。此外，声乐训练对心肺功能的锻炼也不可小觑，有助于孩子建立强健的体魄。更重要的是，通过参与合唱、独唱等彩排活动，男孩可以逐渐培养出舞台上的自信，享受成为"小明星"的乐趣。

·架子鼓

架子鼓的学习对孩子来说，具有多方面的益处。它不仅能有效锻炼孩子的头、手、脚的协调能力，还能在班级或学校的表演中为孩子增添独特的魅力。当孩子在舞台上自信地敲打出激昂的鼓点时，他收获的不仅是掌声和认可，更是对自身能力的肯定。此外，架子鼓作为一项相对小众的特长，未来在升学或就业中，都能为孩子带来一定的竞争优势。

·篮球与羽毛球

篮球和羽毛球是广受欢迎的体育运动，篮球不仅能促进孩子身高的增长和肢体的协调发展，还能培养孩子的对抗意识和团队合作精神。在篮球场上挥洒汗水的过程中，孩子将懂得坚持与努力的价值。而羽毛球不仅有助于提升孩子的跑、跳、投等综合能力，还能锻炼孩子的耐力和反应速度。更重要的是，羽毛球作为隔网运动，安全性高且不易晒伤皮肤，是家长可以放心让孩子参与的运动之一。

· 编程与围棋

如果孩子在语、数、英等学科上表现出色，那么，不妨考虑让他接触编程或围棋等智力运动。编程不仅能培养孩子的逻辑思维能力和问题解决能力，还能激发他对科技领域的兴趣和热情。而围棋则以其深厚的文化底蕴和复杂的策略性著称于世，在下围棋的过程中，孩子可以学会如何制定策略、如何应对变化多端的局势，这些能力对他未来的学习和生活都会产生深远的影响。

最后，我再多唠叨一句：无论选择怎样的兴趣和特长，一定要先和孩子商量，引导他们产生兴趣，而不是逼迫孩子。比起掌握一两门特长，孩子的身心健康无疑才是最重要的，千万不能本末倒置！